Jennifer & Rosemary Faulkner

Zu Fuß durch WIEN

12 Spaziergänge

D

Zu Fuß durch WIEN

Stephansdom

Liebe Stadtverliebte,

wer eine Stadt wirklich kennenlernen möchte, erkundet sie am besten zu Fuß. Das gilt natürlich auch für Wien, das auf eine sehr lange und spannende Geschichte zurückblickt und auch heute noch ständig sein Gesicht verändert. Die **zahlreichen Facetten** der österreichischen Hauptstadt ergeben ein buntes Mosaik, das auch bei Wien-Kennern Erstaunen auslöst.

Die Stadt ging aus der keltischen Siedlung Vedunia und dem späteren römischen Legionslager Vindobona aus dem 1. Jahrhundert hervor. Die Entwicklung zu einer der **bedeutendsten Städte Mitteleuropas** verdankt Wien unter anderem seiner günstigen geografischen Lage an den historischen europäischen Verkehrsachsen. Bis zum 19. Jahrhundert bildete die Donau die natürliche Stadtgrenze, erst seit der Regulierung des Stroms wurde eine Erweiterung Richtung Norden möglich.

Die vorgeschlagenen Spaziergänge sind an verschiedene Themen gebunden, die ein umfassendes Bild der Geschichte Wiens ergeben und Auskunft über verborgene Schätze bieten. In der Innenstadt stoßen wir auf Spuren des ersten bedeutenden Herrschergeschlechts, der Babenberger, und der Habsburger Dynastie, die über viele Jahrhunderte das Sagen über ein **riesiges Kaiserreich** hatten. Seit dem Mittelalter prägte auch die jüdische Bevölkerung das Stadtbild und die Kultur entscheidend mit.

Sobald der Spaziergänger den historischen Stadtkern verlässt, eröffnet sich eine **Vielfalt von Perspektiven,** denn die einst selbstständigen Gemeinden haben ihren besonderen Charakter trotz der Eingemeindung bewahrt und es verstanden, die jeweiligen Architekturtrends, wie zum Beispiel den Biedermeier- oder den Jugendstil, zu integrieren.

Je weiter man sich vom Zentrum entfernt, desto stärker sind die **Kontraste –** so ist das Villenviertel Hohe Warte in eine hügelige Landschaft an einem Ausläufer des Wienerwaldes eingebettet, während die erst vor wenigen Jahren geschaffene Seestadt Aspern jenseits der Donau inmitten eines flachen ehemaligen Ackerbaugebietes liegt.

Wir wünschen unseren Lesern viel Vergnügen beim Erkunden der vielen Aspekte, die Wien zu bieten hat.

Jennifer & Rosemary Faulkner

1

Start/Ziel: Staatsoper, Opernring 2, 1010 Wien
Länge: ca. 5 Kilometer
Dauer: ca. 3 Stunden
ÖPNV: Haltestellen Karlsplatz und Oper/Kärntner Ring
Parken: Kärntnerstraße Tiefgarage, Kärntner Straße 51, 1010 Wien

UNTERWEGS ENTDECKT

1. Staatsoper
2. Hofburg
3. Kunsthistorisches und Naturhistorisches Museum
4. Parlament
5. Burgtheater
6. Rathaus
7. Universität
8. Votivkirche
9. Ehemalige Börse
10. Ringturm
11. Urania
12. k.u.k. Kriegsministerium
13. Museum für angewandte Kunst (MAK)
14. Hotel Imperial

ESSEN + TRINKEN

Entlang der Ringstraße und in der Innenstadt gibt es unzählige Einkehrmöglichkeiten.

Ein paar Tipps:
Gasthaus zum Holunderstrauch, Schreyvogelgasse 3, 1010 Wien, Tel. +43 1/5 35 90 75, holunderstrauch.at
Liebsteinsky, Schubertring 6, 1010 Wien, Tel. +43 1/2 08 89 76, liebsteinsky.at

DIE WIENER RINGSTRASSE

Einmal Ring rund

An der Stelle, wo sich heute die Wiener Ringstraße befindet, war bereits ab Ende des 12. Jahrhunderts eine Stadtmauer zum Schutz der Bürger errichtet worden. Finanziert wurde die Mauer aus einem Teil des Lösegelds, das für die Freilassung des englischen Königs Richard Löwenherz bezahlt worden war. Generationen von Wienern waren zähneknirschend mit der Errichtung dieses Bollwerks beschäftigt gewesen.
Nach der ersten Türkenbelagerung 1529 wurde die Befestigung weiter ausgebaut: Die Ziegelmauer ragte nun bis zu 8 Meter in die Höhe und war mit Vorsprüngen für die Kanonen, den sogenannten Basteien, ausgestattet. Diese waren wiederum von einem Burggraben umgeben, über den Brücken in die Stadt führten. Unter Kaiser Joseph II. war die breite Mauer mit ihren Basteien in Friedenszeiten zu einer beliebten Promenade geworden. Als Kaiser Franz Joseph 1857 per kaiserlichem Erlass, beginnend mit dem Satz „Es ist mein Wille …“, die Abtragung derselben anordnete, flossen Tränen. Infolge eines international ausgeschriebenen Wettbewerbs wurden aus über 80 eingereichten Projekten die Architekten für die Repräsentativbauten ausgewählt, mit denen wir im Laufe unseres Spaziergangs Bekanntschaft machen werden.

Die Musik liegt den Wienern im Blut, und so starten wir bei der 1 **Wiener Staatsoper,** dem ersten offiziellen Gebäude am Ring, das 1868 fertiggestellt wurde. Nachdem mit den Bauarbeiten bereits begonnen worden war, musste das Niveau der Ringstraße angehoben werden, wodurch die Entwürfe der Architekten Eduard van der Nüll und August Sicard von Siccardsburg nicht mehr planmäßig ausgeführt werden konnten. Die heftige Kritik seitens des Kaisers und der Bevölkerung – „Die Oper sieht aus wie eine versunkene Kiste“ – führte dazu, dass van der Nüll Selbstmord beging, und auch sein Freund und Kollege Siccardsburg nahm sich das vernichtende Urteil sehr zu Herzen und schied kurz darauf ebenfalls aus dem Leben. Die Eröffnung mit Mozarts „Don Giovanni“ war eigens auf den Mai 1869 verschoben

1 DIE WIENER RINGSTRASSE

Staatsoper

Heldenplatz, Prinz Eugen

Mozart-Denkmal

worden, um auch die Kaiserin Elisabeth (Sisi) dabeizuhaben, doch diese glänzte – wie so oft – durch Abwesenheit. 1878 fand der erste Opernball statt, den Johann Strauss Sohn höchstpersönlich dirigierte. Der Opernball wird bis zum heutigen Tag jeden Donnerstag vor dem Faschingsdienstag gefeiert und ist ein beliebter Treffpunkt der Wiener High Society.

Die Wiener nennen ihre 5 Kilometer lange Prachtstraße um den Stadtkern kurz Ring, auch wenn jeder Abschnitt einen eigenen Namen trägt.

Der Ring ist eine Einbahnstraße, wir bewegen uns in Fahrtrichtung den **Opernring** entlang, bis rechter Hand das Denkmal von Johann Wolfgang von Goethe erscheint, der, gemütlich in einem Fauteuil sitzend, dargestellt ist. Folgt man Goethes Blick, steht ihm gegenüber am Schillerplatz das Denkmal des gleichna-

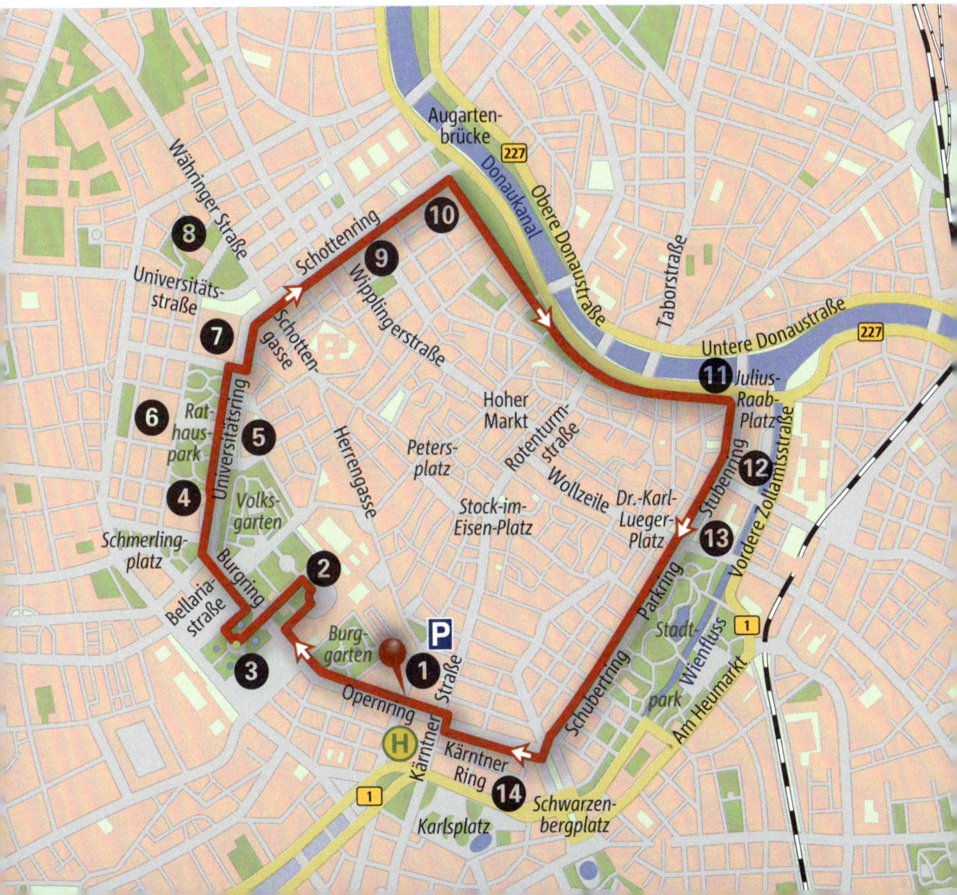

Maria-Theresien-Denkmal

migen deutschen Dichters und Freundes Goethes, mit der Akademie der Bildenden Künste als Kulisse.

Gleich danach erwartet den Spaziergänger rechts eine grüne Oase, der **Burggarten.** Der einstige Hofgarten war bis zum Ende der Kaiserzeit 1918 ausschließlich den Bewohnern der 2 **Hofburg** vorbehalten. Beim zweiten Eingangstor wird man von Mozart begrüßt, die kleine Wiese vor seinem Denkmal ist mit Blumen in Form eines Violinschlüssels geschmückt.

Direkt angrenzend an den Burggarten wurde Anfang des 20. Jahrhunderts das jüngste Gebäude der Hofburg, die **Neue Burg,** errichtet. Die vordere Fassade ist dem Heldenplatz mit zwei Reiterstandbildern – Prinz Eugen von Savoyen, Sieger über die Türken im Jahr 1683, und Erzherzog Karl, Bezwinger Napoleons in der Schlacht von Aspern 1809 – zugewandt. Am **Äußeren Burgtor,** auch Heldentor genannt, werden jeweils am österreichischen Nationalfeiertag Kränze im Gedenken an die Opfer der beiden Weltkriege von offizieller Stelle niedergelegt.

Auf der linken Seite des Burgrings stehen sich das **Kunsthistorische** und das 3 **Naturhistorische Museum** gegenüber, die eigens für die umfangreichen Sammlungen

Maria-Theresien-Platz

Burgtheater

der Habsburger erbaut wurden. Die beiden Architekten, der Hamburger Gottfried Semper und der Wiener Carl von Hasenauer, hatten außer den beiden Museen auch die Neue Burg und das Burgtheater geschaffen. Zerwürfnisse zwischen den beiden bewogen Semper, Wien vorzeitig zu verlassen und mit seinem Kollegen Hasenauer fortan nur noch schriftlich zu verkehren.

Zwischen den beiden Museen liegt der **Maria-Theresien-Platz,** in dessen Mitte Kaiserin Maria Theresia thront. Sie war nicht nur eine bemerkenswerte Regentin, sondern auch Mutter von 16 Kindern und galt als Schwiegermutter Europas. Als geschickte Diplomatin verheiratete sie viele ihrer Kinder strategisch, um die Vormachtstellung der Habsburger in Europa zu sichern. In ihrer linken Hand hält sie die Schriftrolle der Pragmatischen Sanktion – eine Urkunde, die ihr als Frau ermöglichte, den Thron zu besteigen. Rund um den Sockel des Denkmals sind die Berater der Monarchin als Stützen ihres Thrones verewigt.

Ein Stück weiter auf der rechten Seite erwartet eine weitere Grünoase den Spaziergänger. Der **Volksgarten** wurde ebenso wie der Burggarten bereits in den Zwanzigerjahren des 19. Jahrhunderts angelegt, nachdem Napoleon 1809 einen Teil der Stadtmauern gesprengt hatte. Auf der linken Seite zwischen dem Stadtschulrat und dem Parlament steht das Republikdenkmal, das zur Erinnerung an die Gründung der Ersten Republik 1918 errichtet wurde. Hier sind die Büsten der drei führenden Sozialdemokraten Jakob Reumann, Victor Adler und Ferdinand Hanusch zu sehen.

Nebenan erstrahlt das 4 **Parlament** in neuem Glanz. Theophil Hansen, der griechische Architektur studiert hatte, errichtete hier ein Gebäude, das an einen griechischen Tempel erinnert. Die stilistische Wahl steht als Symbol für Griechenland als Wiege der Demokratie. Hansen wollte die Fassade des Parlaments farbig gestalten und die acht Quadrigen auf dem Dach vergolden, doch der Kaiser lehnte ab, da der Ring schon prachtvoll genug sei: „Wollen wir ihn doch net auch noch vergolden." Vor dem Gebäude steht der Athenabrunnen: Die Göttin der Weisheit hält eine Statuette der geflügelten Siegesgöttin empor.

Liebenberg-Denkmal

Am **Universitätsring** befindet sich rechts im Stil der Hochrenaissance das 5 **Burgtheater,** Österreichs bedeutendste Bühne. Die Deckengemälde der beiden Stiegenhäuser wurden von Gustav Klimt, seinem Bruder Ernst Klimt und Franz Matsch ausgeführt. Stirbt ein Ehrenmitglied des Hauses, kommt ein besonderes Ritual zum Einsatz: Ein feierlicher Leichenzug geleitet den Sarg einmal um das Gebäude, bevor er auf den Friedhof geführt und zur letzten Ruhe gebettet wird.

Dem Burgtheater gegenüber steht ein neugotischer Bau des Architekten Friedrich Freiherr von Schmidt, das Wiener 6 **Rathaus.** Auf der Spitze des 98 Meter hohen Turms ragt der etwa 4 Meter hohe eiserne Rathausmann in Ritterrüstung in den Himmel und passt auf die Wiener auf. Vor dem Rathaus erstreckt sich der Rathauspark mit dem großzügig angelegten Platz in der Mitte, der regelmäßig von Veranstaltungen belebt

Rathaus

wird, allen voran dem Wiener Christkindlmarkt. Der Platz ist auf beiden Seiten von acht Standbildern flankiert, die sowohl historisch als auch kunstgeschichtlich wichtige Persönlichkeiten darstellen.

Ein Stück weiter steht rechter Hand ein 9 Meter hoher Obelisk, der mit der vergoldeten Siegesgöttin Viktoria gekrönt ist und die Blicke auf sich zieht. Er ist dem Wiener Bürgermeister Johann Andreas von Liebenberg gewidmet, dem es 1683 gelungen war, die Türken zu besiegen. Dahinter erhebt sich ein Relikt der alten Stadtmauer, die **Mölkerbastei,** wo sich eine der zahlreichen Wohnstätten Beethovens und das sogenannte Dreimäderlhaus, in dem Franz Schubert verkehrte, befinden.

Gegenüber ist das Hauptgebäude der 7 **Universität** zu sehen, das von Heinrich Freiherr von Ferstel im Stil der Renaissance errichtet wurde. Gustav Klimt hatte Entwürfe für den malerischen Dekor des Festsaals geschaffen, diese wurden jedoch abgelehnt. Letztendlich fielen sie 1945 im Depot in Schloss Immendorf (Niederösterreich) einem Brand zum Opfer.

Ein weiteres Gebäude desselben Architekten, die 8 **Votivkirche,** steht inmitten des Sigmund-Freud-Parks. Das neugotische Bauwerk mit seinen 99 Meter hohen Tür-

Universität

men war zum Dank dafür errichtet worden, dass Kaiser Franz Joseph das 1853 von einem ungarischen Schneidergesellen, János Libényi, verübte Attentat nur leicht verletzt überlebte. Der Attentäter wurde auf der Simmeringer Haide hingerichtet, was die Wiener zu folgendem Gedicht anregte: „Auf der Simmeringer Had', hat's an Schneider verwaht, es g'schicht eam ganz recht, was sticht er so schlecht!" Die Kirche wurde am silbernen Hochzeitstag von Kaiser Franz Joseph und Elisabeth am 24. April 1879 eingeweiht. Sie sollte das österreichische Pantheon werden, doch nur ein berühmter Toter, Niklas Graf Salm, dessen wichtigster Erfolg die Verteidigung Wiens gegen die Türken im Jahre 1529 war, wurde auch tatsächlich hier bestattet.

Zur Finanzierung der kostspieligen Ringstraßengebäude verkaufte Kaiser Franz Joseph die durch den Abriss der Stadtmauern frei gewordenen Grundstücke an Adelige, Bankiers, Industrielle, Großbürger und Spekulanten. Wurden diese Parzellen innerhalb von vier Jahren bebaut, war man bis zu 30 Jahre lang von Steuerzahlungen befreit.

Erstmals wurde Juden der Erwerb von Immobilien gestattet, und so siedelten sich Bankiers wie die Brüder Todesco und Jonas von Königswarter an der Ringstraße an.

Prämisse war, dass die privaten Bauten einfach gestaltet sein mussten, um den Glanz der kaiserlichen Gebäude nicht in den Schatten zu stellen. Dementsprechend ist der Ring zwischen Votivkirche bis hinunter zum Donaukanal baulich relativ bescheiden gehalten. Innen jedoch findet man auch heute noch geräumige Wohnungen, die zum Teil ein ganzes Stockwerk einnehmen. Ein solches privates Palais befindet sich rechter Hand am Universitätsring 14. Das **Palais Ephrussi** rückte vor ein paar Jahren durch das Buch „Der Hase mit den Bernsteinaugen" in den Mittelpunkt des Interesses. Der Bestseller erzählt die spannende Geschichte der jüdischen Familie Ephrussi.

Auf halber Höhe des **Schottenrings** steht rechts die ehemalige 9 **Börse,** deren Räumlichkeiten heute als Büros genutzt werden. Hier schuf Theophil Hansen einen Neorenaissancepalast mit einem riesigen Festsaal, der als „Tanzsaal des Mammons" bezeichnet wurde. Eigentlich hatte er den Auftrag gemeinsam mit seinem Freund und Kollegen Karl Tietz erhalten, doch Tietz verfiel dem Wahnsinn und musste in Gewahr genommen werden. Vermutlich an dieser Stelle betrat Siegmund Freud den Ring, wenn er manche Patienten statt auf der Couch im Zuge eines Spaziergangs „einmal um die Ringstraße" therapierte.

Links in zweiter Reihe steht die **Roßauer Kaserne,** die ebenfalls zu Zeiten Kaiser Franz Josephs im Stil des romantischen Historismus errichtet wurde. Die Kaserne bot bis zu 4000 Mann und 390 Pferden Platz. Heute ist sie unter anderem Hauptsitz des österreichischen Bundesministeriums für Landesverteidigung.

Den architektonischen Abschluss der Ringstraße bildet rechter Hand der 1955 von Erich Boltenstein für die Wiener Städtische Versicherung errichtete 10 **Ringturm.** Das erste Bürohochhaus der Stadt zählt 20 Stockwerke und ist 73 Meter hoch. Zur Zeit seiner Errichtung galt es als eines der höchsten Häuser Europas.

Votivkirche

Die Gebäude am **Franz-Josefs-Kai** sind vorwiegend jüngeren Datums, nur wenige der einstigen Wohnhäuser haben den Krieg überstanden und zeugen von der früheren architektonischen Pracht entlang des Donaukanals.

Am Morzinplatz erinnert das von Leopold Grausam gestaltete **Denkmal für die Opfer des Faschismus** an düstere Zeiten. Die Steine stammen aus den ehemaligen KZ-Steinbrüchen um Mauthausen, der oben liegende Quader ist mit der Inschrift „Niemals vergessen" versehen. Ursprünglich stand an dieser Stelle das Hotel Métropole, in dem unter anderem Mark Twain mit seiner Familie ein Jahr lang Quartier bezogen hatte. Während der NS-Zeit nutzte die Gestapo-Leitstelle, wo Entscheidungen über Leben und Tod gefällt wurden, das ehemalige Hotel. 1945 wurde das Gebäude durch einen Bombenhagel dem Erdboden gleichgemacht (siehe Spaziergang 6, Seite 83). Auf der Anhöhe dahinter steht die Ruprechtskirche inmitten des beliebten Ausgehviertels Bermudadreieck.

Die Sternwarte ⑪ **Urania,** die bis heute Gelegenheit bietet, den Sternenhimmel zu beobachten, markiert den Punkt, an dem man rechts in den Stubenring einbiegt. Das neobarocke Gebäude auf der linken Seite diente bis 1918 als ⑫ **k. u. k. Kriegsministerium.** Heute bietet der riesige Bau mehreren Bundesministerien Platz. Das vorgelagerte Reiterdenkmal stellt Feldmarschall Radetzky dar. Es wird von zwei Säulen flankiert, die mit dem kaiserlichen Doppeladler gekrönt sind. Auf der gegenüberliegenden Seite in zweiter Reihe steht ein Jugendstiljuwel, das einen stilistisch krassen Gegensatz zu den umliegenden Gebäuden bildet: die **Postsparkasse** von Otto Wagner (siehe Spaziergang 2, Seite 33). Auf der linken Seite geht es weiter vorbei an einem zweigeteilten Backsteinbau, in dem die **Kunstgewerbeschule** und das ⑬ **Museum für angewandte Kunst (MAK)** untergebracht sind. Das erste an der Ringstraße eröffnete Museum ist dem Architekten Heinrich von Ferstel zu verdanken.

Weiter geht es vorbei am **Stadtpark** bis zum **Palais Erzherzog Ludwig Viktor,** das sich an der Ecke Schubertring/Schwarzenbergplatz befindet. Das Palais im Stil der

Urania

italienischen Renaissance wurde 1866 fertiggestellt und war für den jüngsten Bruder von Kaiser Franz Joseph bestimmt. Doch sehr lange konnte „Luziwuzi" sein luxuriöses Heim nicht nutzen, da er aufgrund wiederholter Skandale vom Kaiser nach Schloss Kleßheim bei Salzburg verbannt wurde. Der Erzherzog war dem eigenen Geschlecht zugewandt und konnte dort fern von Wien seinen Neigungen frönen. Heute wird der große Festsaal vom Burgtheater als Probebühne und Aufführungsort genutzt. Mit der gesamten Gestaltung des Schwarzenbergplatzes war Heinrich von Ferstel beauftragt worden.

Wenige Meter weiter befindet sich linker Hand das 14 **Hotel Imperial.** Das Gebäude war für Philipp Herzog von Württemberg errichtet worden, aber er verkaufte es nur wenige Jahre später, weil sich seine Gemahlin, die Erzherzogin Marie Therese von Österreich, dort nicht wohlfühlte. Anlässlich der Weltausstellung 1873 wurde das Palais zu einem Hotel umgebaut und hat bis zum heutigen Tage nichts von seinem Glanz eingebüßt. Zahlreiche Staatsoberhäupter und bekannte Persönlichkeiten, unter anderem Michael Jackson, der hier seinen Earth Song geschrieben haben soll, logier(t)en hier. Eine der Spezialitäten des Hauses, die Imperial-Torte, wurde angeblich von einem Küchenjungen zu Ehren Kaiser Franz Josephs kreiert.

Fast unmittelbar danach steht das **Palais Königswarter** am Kärntner Ring 4, das ursprünglich für den Bankier Jonas von Königswarter 1862 gebaut worden war. Die als langjährige Freundin Kaiser Franz Josephs bekannte Burgschauspielerin Katharina Schratt wohnte dort im dritten Stock, bis sie 1940 verstarb. Sie war eine passionierte Spielerin, ihre haushohen Schulden wurden stets vom Kaiser beglichen. Kaiserin Elisabeth hatte die Beziehung zwischen den beiden in die Wege geleitet, da sie froh war, eine von ihr goutierte Frau an der Seite ihres Mannes zu wissen, die all das tat, zu dem sie selbst nicht bereit war: den Kaiser zu erheitern, ihm geduldig zuzuhören und ihm Wohlbehagen zu vermitteln.

Nun trennen uns nur noch wenige Schritte von unserem Ausgangspunkt, der Wiener Staatsoper.

2

START: Wienzeilenhäuser von Otto Wagner, Linke Wienzeile 40, 1060 Wien
ZIEL: Österreichische Postsparkasse, Georg-Coch-Platz 2, 1010 Wien
LÄNGE: ca. 4,5 Kilometer
DAUER: ca. 3 Stunden
ÖPNV: Haltestelle Kettenbrückengasse; Rückkehr zum Ausgangspunkt ab Haltestelle Schwedenplatz
PARKEN: WIPARK TU Lehárgasse, Lehárgasse 4, 1060 Wien

UNTERWEGS ENTDECKT

1. Majolikahaus
2. Naschmarkt
3. Theater an der Wien
4. Secession
5. Technische Universität
6. Karlskirche
7. Stadtbahnpavillons
8. Musikvereinsgebäude
9. Französische Botschaft
10. Konzerthaus
11. Milchtrinkhalle
12. Österreichische Postsparkasse

ESSEN + TRINKEN

Café Prückel, Stubenring 24, 1010 Wien,
Tel. +43 1/5 12 61 15, prueckel.at
Das Kaffeehaus mit seiner Einrichtung im Stil der Fünfzigerjahre steht unter Denkmalschutz. In den Achtzigerjahren wurde dem hinteren Trakt seine ursprüngliche Gestaltung im Jugendstil zurückgegeben.

DEN WIENFLUSS ENTLANG

Jugendstil in Wien

Während die Prachtbauten an der Ringstraße noch vom Historismus geprägt waren, formierte sich gegen Ende des 19. Jahrhunderts eine Künstlergruppe, die sich von althergebrachten Stilrichtungen abwandte und eine eigene, neue Stilrichtung, den Jugendstil, entwickelte. In Wien wird diese künstlerische Periode auch als Secessionsstil bezeichnet. Quer durch Wien können die zwischen 1898 und 1918 entstandenen Großprojekte, wie zum Beispiel die Stadtbahnbauten von Otto Wagner, sowie viele Privathäuser bewundert werden.

Majolikahaus

Wir starten unseren Spaziergang bei einem aus drei Gebäuden bestehenden Häuserensemble, das 1898/99 von Otto Wagner, dem herausragendsten österreichischen Architekten der Jahrhundertwende, errichtet wurde. Das 1 **Majolikahaus** in der Linken Wienzeile 40 verdankt den mit floralen Motiven versehenen, die Fassade zierenden Majolikafliesen seinen Namen. Das rechts daneben liegende Gebäude ist mit goldenen Ornamenten von Kolo Moser auf weißem Untergrund versehen. Beide Mietshäuser verfügen über einen Aufzug, deren aufwendig mit Jugendstilverzierungen gestaltete Gitter bis zum heutigen Tag im Originalzustand erhalten sind. Das angrenzende Haus in der Köstlergasse, in dem Otto Wagner eine Zeit lang wohnte, ist das schlichteste dieser Gebäudegruppe.

Wir gehen über den 2 **Naschmarkt** in Richtung Innenstadt. Nachdem der Wienfluss reguliert und eingewölbt worden war, entstand zu Beginn des 20. Jahrhunderts eine freie Fläche, auf der während des Ersten Weltkrieges rund

Secession

120 Marktpavillons samt Marktamtsgebäude und Marienkapelle errichtet wurden. Linker Hand kommen wir am ❸ **Theater an der Wien** vorbei. Dem Librettisten von Mozarts Zauberflöte, Emanuel Schikaneder, ist es zu verdanken, dass dieses Theater gebaut wurde, woran heute noch das „Papagenotor" in der Millöckergasse erinnert. Nach dem Zweiten Weltkrieg diente das Theater an der Wien als Ausweichquartier für das von Bomben zerstörte Opernhaus am Ring. Rund 20 Jahre lang erfreute die Spielstätte sein Publikum mit der Präsentation verschiedenster Musicals, bis es 2006 zu einer Wende kam. Nun werden hier Opern aufgeführt, wobei die Wiener Klassik bevorzugt behandelt wird, was dem Theater den Beinamen „Das neue Opernhaus" einbrachte.

Am Ende des Marktes steht links ein weißer Pavillon mit einer Kuppel aus vergoldeten Lorbeerblättern, das „Krauthappel", wie es die Wiener kurz nach seiner Entstehung benannt haben. Die von Joseph Maria Olbrich 1898 erbaute

4 **Secession** diente der Künstlergruppe um Gustav Klimt als Ausstellungsgebäude. Ihr Leitsatz „Der Zeit ihre Kunst, der Kunst ihre Freiheit" steht in goldenen Lettern über dem Eingang. Im Untergeschoss kann die Dauerausstellung des 1902 anlässlich der 14. Ausstellung der Secession von Gustav Klimt geschaffenen Beethovenfries besichtigt werden. Was damals wegen der Darstellung nackter Frauen ein Riesenskandal war, gilt heute als große Kunst, die allseits bewundert wird. Weit weniger Beachtung findet das gegenüberliegende Gebäude, die 1923 im Stil des Art déco errichtete Zentrale des **Österreichischen Verkehrsbüros.** Das Gebäude steht unter Denkmalschutz und wurde 2009 in ein Kulturhaus umgebaut.

Secession stammt aus dem Lateinischen: secedere – sich abspalten.

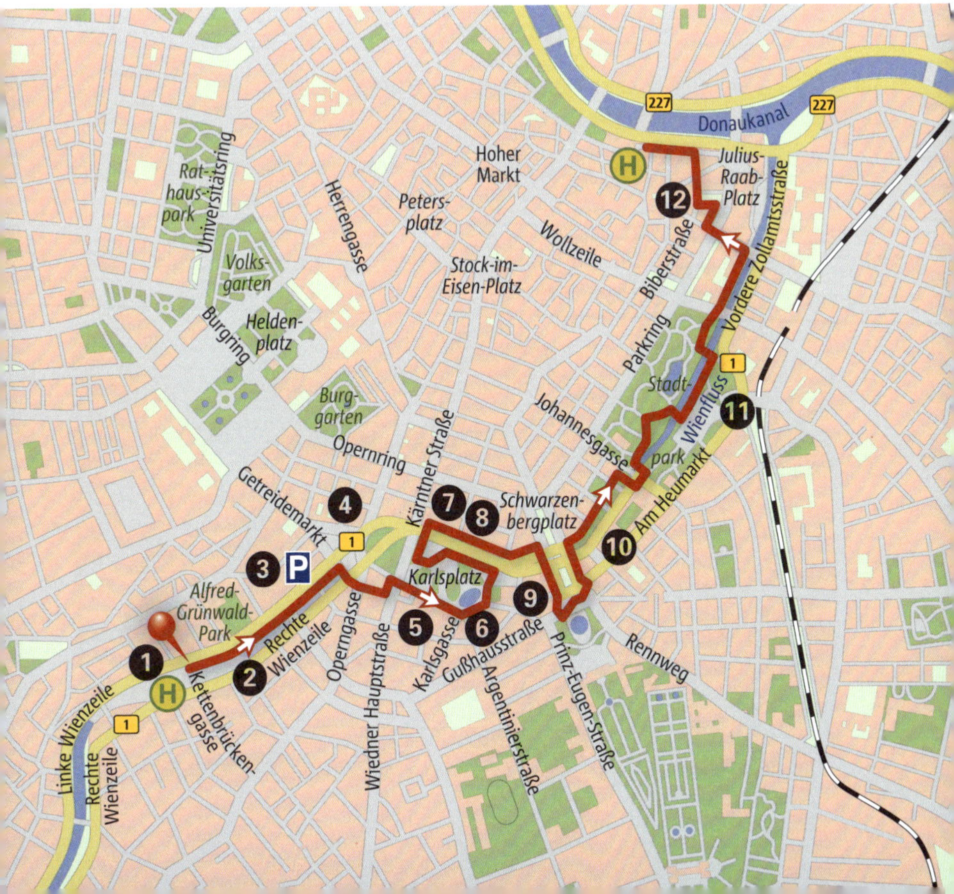

2 DEN WIENFLUSS ENTLANG

Wir gehen über die Rechte Wienzeile, durchqueren zuerst den **Bärenmühlendurchgang,** dann den Durchgang des **Institutsgebäudes „Freihaus“** der neuen Technischen Universität, bis wir im **Resselpark** angelangt sind. Auf der rechten Seite befindet sich die **Evangelische Schule,** die 1862 im Stil der italienischen Renaissance von Theophil Hansen errichtet wurde. Das nächste Gebäude wurde 1818 als k.k. Polytechnisches Institut eröffnet und stellt heute das Hauptgebäude der 5 **Technischen Universität** dar. Hier studierten die Brüder Johann und Josef Strauss, woran eine Gedenktafel an der linken Seitenfassade erinnert. Auf der Höhe des Haupteingangs steht im Parkbereich das Denkmal von Josef Ressel, dem Erfinder der Schiffsschraube.

Das „Freihaus“ steht auf den ehemaligen Freihausgründen.

Wir gelangen zur barocken 6 **Karlskirche,** die in der ersten Hälfte des 18. Jahrhunderts vom Architekten Johann Bernhard Fischer von Erlach begonnen und von seinem Sohn, Joseph Emanuel Fischer von Erlach, fertiggestellt wurde. Kaiser Karl VI. hatte während der Pestepidemie 1713 ein Gelübde abgelegt, eine Kirche erbauen zu lassen, sobald die Pest besiegt sei. Die Wahl des Bauplatzes kam nicht von

Technische Universität

Karlskirche

Otto-Wagner-Pavillon

ungefähr, befand sich die Kirche doch auf halbem Weg zwischen der Hofburg und des Kaisers Sommerresidenz, der Neuen Favorita, dem heutigen Theresianum, einer Eliteschule, die von Maria Theresia gestiftet worden war.

Links von der Karlskirche befindet sich das **Wien Museum Karlsplatz,** das Einblicke in die Entstehung der Stadt von der Jungsteinzeit bis in die Gegenwart gibt. Es beherbergt nicht nur Stadtmodelle aus unterschiedlichen Jahrhunderten, die die Entwicklung der Wiener Innenstadt veranschaulichen, sondern auch Steinskulpturen aus dem 15. Jahrhundert und gotische Fenster des Stephansdoms. Nun gehen wir durch den Park am Marmordenkmal von Johannes Brahms vorbei, der seinen Platz gegenüber seiner Wirkungsstätte, dem Wiener Musikverein, erhalten hat. Weiter geht es bis zu den beiden mit Marmorplatten und Sonnenblumenornamenten verzierten 7 **Stadtbahnpavillon** von Otto Wagner, der die gesamte Wiener Stadtbahnanlage, die heutigen U-Bahnlinien U4 und U6, in Form eines

Gesamtkunstwerks mit Brücken, Geländern und Stationsgebäuden geschaffen hat. Ursprünglich gelangte man über die Pavillons zu den Bahnsteigen, heute dient einer der Pavillons als Museum, das den Projekten Otto Wagners gewidmet ist, im anderen ist ein Café untergebracht.

Wir überqueren die Straße und gelangen zum 1868 errichteten **Künstlerhaus.** Dieses innovative Projekt war das erste Ausstellungshaus im deutschen Sprachraum, das von Künstlern für Künstler geschaffen wurde. Die Finanzierung erfolgte ausschließlich durch Privatpersonen.

Rechts davon steht das **8** **Musikvereinsgebäude,** das 1870 von Theophil Hansen im Stil der griechischen Antike errichtet wurde. Der Tempel für die Musik ist Sitz der Wiener Philharmoniker, die 1812 als „Gesellschaft der Musikfreunde" gegründet wurden. Kaiser Franz Joseph hatte der Gesellschaft den Bauplatz unentgeltlich überlassen. Der Große

Künstlerhaus & Musikverein

Kursalon

Musikvereinssaal wird auch als Goldener Saal bezeichnet und hat dank der idealen Proportionen des Raums und seiner Ausstattung eine unvergleichliche Akustik. Er ist durch das alljährlich stattfindende Neujahrskonzert der Wiener Philharmoniker, das im Fernsehen übertragen wird, weltweit ein Begriff.

Wir gehen weiter zum **Schwarzenbergplatz,** wenden uns nach rechts und gelangen zur 9 **Französischen Botschaft,** die 1909 von Paul Chedanne im **französischen Jugendstil** erschaffen wurde. Weiter geht es zur Mitte des Platzes auf eine Art Halbinsel, die durch das aus dem 18. Jahrhundert stammende Palais Schwarzenberg begrenzt ist. In der Mitte des Parks befindet sich der **Hochstrahlbrunnen,** der im Sommer im Minutentakt in unterschiedlichen Farben bestrahlt wird. Dahinter steht das **Befreiungsdenkmal,** im Volksmund Russendenkmal genannt, das zur Erinnerung an die Befreiung Wiens durch die Rote Armee 1945 errichtet wurde. Beim Bau des Heldendenkmals für den unbekannten russischen Soldaten wirkten sowohl Österreicher als auch Russen mit. Wir gehen den Schwarzenbergplatz zurück bis zur Lothringerstraße, wo wir auf der linken Seite an einer der renommiertesten Schulen Wiens, dem **Akademischen Gymnasium,** vorbeikommen. Hier wurden zahlreiche, später zu Prominenz gelangte Persönlichkeiten ausgebildet, wie die Tafeln auf der Fassade bezeugen. Mitten in der Parkanlage des **Beethovenplatzes** wurde dem bedeutenden Komponisten, der einen großen Teil seines Lebens in Wien zu Hause war, ein Denkmal gewidmet. Die neun das Monument umgebenden Engelsfiguren sind eine Anspielung auf die neun von Beethoven komponierten Symphonien. Auf der gegenüberliegenden Seite befindet sich das 10 **Konzerthaus,** das 1913 vom Architekten-Duo Fellner und Helmer im Empirestil errichtet wurde. Die drei Konzertsäle sowie das Foyer sind zum Großteil noch im Originalzustand erhalten. In dem Gebäude ist auch das **Akademie-Theater,** eine Nebenstelle des Burgtheaters, in der vor allem zeitgenössische Stücke gespielt werden, untergebracht.

Weiter geht es am **Wiener Eislaufverein** vorbei, bis wir auf der gegenüberliegenden Straßenseite einem weiteren **Stadtbahnpavillon** (U-Bahn-Station Stadtpark) von Otto Wagner begegnen. Links davon wurde 1907, nach der Regulierung des Wienflusses, das Ensemble mit dem **Wienflussportal,** den beiderseits hinabführenden Ufertreppen und den zwei begehbaren Pavillons von Friedrich Ohmann er-

Der Wienfluss

Die 34 Kilometer lange Wien – so wird der Fluss von den Einheimischen genannt – entspringt im westlichen Wienerwald, durchquert neun Wiener Gemeindebezirke und mündet in den Donaukanal. Aufgrund regelmäßig wiederkehrender Hochwasser nach starken Regenfällen oder während der Schneeschmelze, wobei die Wassermenge um bis zum 2000-fachen anschwillt, wurde der Fluss Ende des 19. Jahrhunderts im Stadtgebiet kanalisiert. Gleichzeitig erfolgte parallel zum Wienfluss der Bau der Wiener Stadtbahn, heute die U-Bahn-Linie U4, die von Otto Wagner geplant wurde. Wir begegnen der Wien erst auf Höhe des Stadtparks beim Wienflussportal, da sie bis dahin unterirdisch verläuft.

Wienflussportal

baut. Wir gehen am linken Pavillon vorbei in den **Stadtpark** und gelangen zum meistfotografierten Motiv Wiens, dem **Denkmal von Johann Strauss** (Sohn).

Schani war die Kurzform von Johann.

Die ursprünglich vergoldete Figur auf dem Marmorsockel wurde 1935 schwarz lackiert. Erst 1991 erhielt der „goldene Schani" seinen Blattgold-Dekor zurück. Mit ein bisschen Glück kann man an lauen Sommerabenden den aus dem Kursalon tönenden Walzerklängen lauschen. Wir gehen weiter in Richtung Wienfluss und überqueren den **Stadtparksteg.** Dann wenden wir uns nach links und gelangen zur ehemaligen ⑪ **Milchtrinkhalle,** die erst kürzlich abgetragen und neu aufgebaut wurde. Wir begeben uns ans Ende der Wienflusspromenade, gehen die Stiegen hinauf und setzen unseren Spaziergang entlang des Wienflusses fort, überqueren die Weiskirchnerstraße und gehen bis zum Oskar-Kokoschka-Platz, in den wir links einbiegen, um den Stubenring zu erreichen. Gegenüber dem ehemaligen Kriegsministerium befindet sich das **Georg-Coch-Denkmal,** das dem Gründer des „k.k. Österreichi-

Johann Strauss (Sohn) gab 1868 im Kursalon ein Konzert.

schen Postsparkassenamts" gewidmet ist. Den Abschluss des Postsparkassen-Platzes bildet das Gebäude der Österreichischen 12 **Postsparkasse,** ein weiteres Werk Otto Wagners. Die Fassade ist mit Marmorplatten verkleidet, die Befestigungsbolzen sind mit Aluminiumköpfen fixiert, sodass es ein Ornament ergibt. Hier lohnt es sich, einen Blick ins Innere des Gebäudes zu werfen. Über das mit weißem Marmor verkleidete Vestibül gelangt man in die Kassenhalle – ein Innenhof, mit einem Glasdach ausgestattet, wodurch der gesamte Raum mit Licht geflutet ist. Details wie die Beleuchtungskörper und die Warmluftausbläser der Heizungsanlage sowie von Otto Wagner entworfene Möbel sind heute noch in Verwendung und erfreuen das Auge. Wir gehen die Biberstraße hinunter, biegen links in den Franz-Josefs-Kai ein, bis wir zum Schwedenplatz gelangen, wo eine Haltestelle der U-Bahn U4 ist.

Kassenhalle Postsparkasse

3

START/ZIEL: Stephansdom, Stephansplatz, 1010 Wien
LÄNGE: ca. 2 Kilometer
DAUER: ca. 1,5 Stunden
ÖPNV: Haltestelle Stephansplatz
PARKEN: Parkhaus Stephansplatz; Stephansplatz, 1010 Wien

UNTERWEGS ENTDECKT

1. Stephansdom
2. Südturm
3. Zahnwehherrgott
4. Deutschordenshaus
5. Fähnrichshof
6. Mozarthaus
7. Nordturm
8. Lugeck
9. Dr.-Ignaz-Scipel-Platz
10. Basiliskenhaus
11. Heiligenkreuzerhof
12. Der liebe Augustin

ESSEN + TRINKEN

Griechenbeisl, Fleischmarkt 11, 1010 Wien,
Tel. +43 1/5 33 19 77, griechenbeisl.at
Als eine der ältesten Gaststätten Wiens weist das Griechenbeisl eine Besonderheit auf: das sogenannte Unterschriftenzimmer, in dem sich im Laufe der Jahrhunderte berühmte Gäste verewigt haben. Der Raum steht unter Denkmalschutz.

DAS VIERTEL UM DEN STEPHANSDOM

Sagenhaftes Wien

Seit Jahrhunderten erzählt man sich in Wien die wunderlichsten Geschichten. Immer wenn sich etwas Unerklärliches oder gar Übernatürliches ereignete, versuchten die Menschen zu verstehen, was dahintersteckte. So kommt es, dass wir heute in der Wiener Innenstadt auf Schritt und Tritt sagenhaften Orten begegnen. Oft hatte der Teufel seine Hände im Spiel, wie wir im Laufe dieses Spaziergangs erfahren werden.

Startpunkt ist im Herzen der Innenstadt vor dem 1 **Stephansdom,** dem Wahrzeichen Wiens. Als der Grundstein der romanischen Kirche 1137 gelegt wurde, befand sie sich noch außerhalb der alten Stadtmauer. Aus dieser Zeit stammen noch Teile der Westfassade, mit dem Bau der gotischen Kirche wurde im 14. Jahrhundert unter der Herrschaft von Rudolf IV. dem Stifter begonnen.

Stephansdom

Im Inneren der Domkirche, beim Eckpfeiler im südlichen Querschiff, steht eine gotische Marienstatue. Die Bezeichnung **Dienstboten-Muttergottes** verdankt sie folgender Geschichte: Die Statue soll einer Gräfin gehört haben, die sehr bedacht auf ihr Äußeres, ansonsten aber ungeduldig und hochmütig war. Eines Abends, als sie von einer Gesellschaft nach Hause kam, half ihr die Magd beim Auskleiden. Tags darauf tönte ein markerschütternder Schrei der Herrin durchs Haus, denn sie konnte ihren wertvollen Ring, den sie am Abend zuvor getragen hatte, nicht finden. Sie beschuldigte ihre Bedienstete und rief die Stadtpolizei, um die diebische Magd in den Kerker werfen zu lassen. Das unschuldige Mädchen warf sich in ih-

3 DAS VIERTEL UM DEN STEPHANSDOM

Zahnwehherrgott

rer Verzweiflung vor der Muttergottes-Statue auf die Knie und bat um Gerechtigkeit. In diesem Moment zog sich die Hochwohlgeborene die Handschuhe, die sie am Vorabend getragen hatte, an, und siehe da: Der Ring hatte sich darin verfangen! Aus Scham über ihre Ungerechtigkeit beschloss die Frau, die Statue im Stephansdom aufstellen zu lassen. Seitdem waren unzählige verzweifelte Dienstmädchen in den Dom gepilgert, um für Gerechtigkeit zu bitten.

Wir verlassen den Dom durch das Singertor, gehen nach links und befinden uns vor dem 137,4 Meter hohen ② **Südturm,** der wie ein Zeigefinger in den Himmel ragt. 343 Stufen geht es hinauf zur Türmerstube, in der bis weit ins 20. Jahrhundert ein Türmer Wache hielt.

Wir gehen weiter, bis wir an der Rückseite des Doms angelangt sind, wo eine Christusstatue in einer breiten Nische steht. Ursprünglich stand sie mitten unter den Grabmälern des Stephans-Freithofs, der einst die Kirche umgab. Eines Abends torkelten drei Jünglinge, die gehörig über den Durst getrunken hatten, über den Friedhof nach Hause. Als sie bei der Christusfigur vorbeikamen, bemerkte einer von ihnen, dass der Christus ein Tuch um den Kopf gebunden hatte, mit dem ein frommes Weiblein einen Strauß Blumen befestigt hatte. „Seht nur, der Herrgott hat Zahnweh!“, rief er seinen Freunden zu. Die drei amüsierten sich noch den restlichen Heimweg königlich darüber. Mitten in der Nacht erwachte einer der Freunde mit schrecklichen Zahnschmerzen, an Schlaf war nicht mehr zu denken. Etwa zur gleichen Zeit wurden auch die beiden Freunde von den glei-

Im Mittelalter bezeichnete man Friedhöfe als Freithof.

chen Symptomen heimgesucht. Den drei Jünglingen war klar, dass dies eine Strafe Gottes war, weil sie sich über ihn lustig gemacht hatten. Es dauerte nicht lange, bis sie alle drei reuevoll vor der Christusstatue knieten und um Vergebung baten. Kaum war das Gebet beendet, waren die Schmerzen verschwunden. Von diesem Tag an pilgerten viele von Zahnschmerzen geplagte Wiener zum 3 **Zahnwehherrgott** und flehten um Hilfe.

Nun gehen wir zum gegenüberliegenden Haus und gelangen in den malerischen Innenhof des 4 **Deutschordenshauses.** Wir verlassen diesen auf der anderen Seite und kommen in die Singerstraße, in die wir links einbiegen. Ein paar Meter weiter geht es wieder links in die **Blutgasse.** Es wird erzählt, dass hier 1312 das Blut von getöteten Tem-

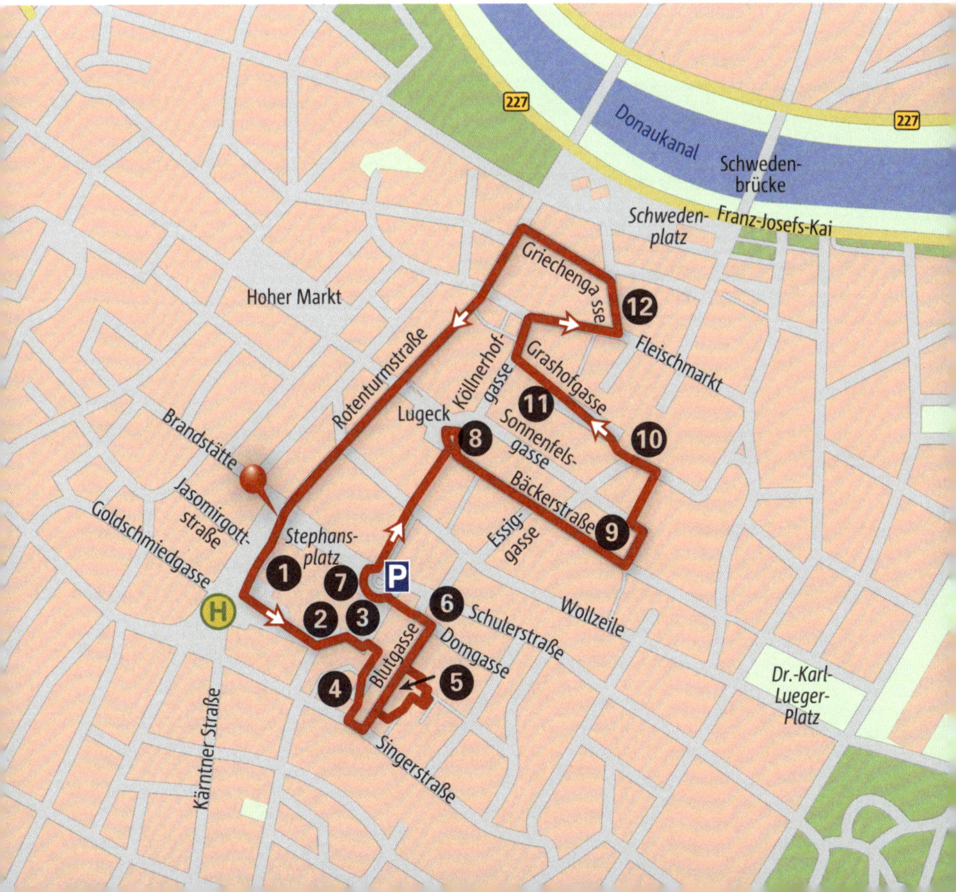

Deutschordenshaus

pelrittern die Gasse hinuntergeflossen sei. Auf der rechten Seite befindet sich der 5 **Fähnrichshof,** der aus vier mittelalterlichen Häusern besteht. Man kann die Innenhöfe betreten, und die Pawlatschen sowie die etwa 500 Jahre alte Platane bewundern. Zurück in der Blutgasse gelangen wir in die **Domgasse,** wo sich das 6 **Mozarthaus** befindet. Im Volksmund wird es immer noch Figaro-Haus genannt, da hier ein Großteil der bekannten Oper komponiert wurde. Die Wohnung Mozarts befand sich im ersten Stock, heute erstreckt sich das dem berühmten Komponisten gewidmete Museum über drei Stockwerke. Wir gehen links durch ein Durchhaus weiter und erreichen den 7 **Nordturm** des Stephansdoms. Als 1433 der Bau des Südturms abgeschlossen war, wurde der Werkmeister Hans Buchsbaum mit dem Bau des Nordturms beauftragt. Der junge Mann war nicht nur tüchtig, sondern auch bis über beide Ohren in Maria, die Tochter des Dombaumeisters Hans Prachatitz, verliebt, und hielt um ihre Hand an. Prachatitz fand das Anliegen so vermessen, dass er sein Einverständnis an eine Bedingung knüpfte. Sollte es dem Werkmeister gelingen, den Turm innerhalb eines Jahres fertigzustellen, dürfe er seine Tochter zur Gemahlin nehmen. Das war eine schier nicht zu bewältigende Aufgabe. Als der junge Mann eines Abends die nur sehr langsam voranschreitenden Bauarbeiten entmutigt begutachtete, stand plötzlich der Teufel neben ihm und bot seine Hilfe an. Doch auch hier gab es eine Bedingung: Hans dürfe

Das Wort Pawlatschen stammt aus dem Tschechischen und bezeichnet einen offenen Holzgang im Hof eines Gebäudes, zu dem eine Stiege hinaufführt, um die Wohnungen in den Stockwerken erreichen zu können.

bis zur Fertigstellung des Turms weder den Namen des Schöpfers noch den eines Heiligen aussprechen. „Das ist eine leichte Übung“, dachte Hans und ließ sich auf den Pakt mit dem Teufel ein. Tatsächlich gingen die Arbeiten von da an in atemberaubender Geschwindigkeit voran, und als er an einem lauen Frühlingsabend die Früchte seiner Arbeit bewunderte, sah er unten auf der Straße plötzlich seine Angebetete vorbeigehen. Da er sie schon lange nicht mehr gesehen hatte, konnte er nicht an sich halten und rief ihren Namen, „Maria!“. Schon war der Teufel zur Stelle und versetzte dem jungen Mann einen Stoß, um ihn in die Tiefe zu stürzen. So kam es, dass der Nordturm nie fertiggestellt wurde.

Fähnrichshof

Domgasse & Mozarthaus (li.)

Lugeck

Als die Türken 1683 in die Flucht geschlagen wurden, ließen sie unter anderem ihre Kanonenkugeln zurück. Aus diesen wurde die **Pummerin** gegossen, eine mehr als 21 Tonnen schwere Glocke, die traditionell zu jedem Jahreswechsel geläutet wird. Sie hing ursprünglich im Südturm, wurde 1945 beim Brand des Domes schwer beschädigt, neu gegossen und fand im Nordturm ihren neuen Platz.

Wir gehen rechts zum Dommuseum, durchqueren die Passage und betreten das nächste Durchhaus auf der anderen Seite der Wollzeile, das an Charme kaum zu überbieten ist. Wir gelangen zum 8 **Lugeck,** dessen Name auf die Sage der verlorenen Söhne zurückgeht. Bereits im Mittelalter stand dort der **Regensburger Hof,** wo einst ein Ehepaar mit zwei Söhnen wohnte. Die beiden wurden von den Eltern sehr geliebt und entsprechend verwöhnt, und als sie heranwuchsen, wurde der Drang, Neues zu erkunden, immer größer. So machten sie sich auf den Weg in die weite Welt. Die schwer getroffenen Eltern ließen sie ziehen, schworen jedoch, jeden Abend am Fenster zu stehen und „ums Eck zu lugen“, ob denn die rückkehrenden Söhne zu sehen seien. Die beiden Alten verstarben jedoch, ehe die Söhne zurückkamen, ließen aber testamentarisch zwei Steinbüsten von sich anfertigen, die an der Unterseite der beiden Erker des Regensburger Hofes angebracht wurden und bis zum heutigen Tag ums Eck schauen. Der Regensburger Hof wurde 1410 erstmals erwähnt und diente den Regensburger Handelsherren als Lagerhaus. Kaiser Friedrich III., dessen lebensgroßes Standbild in einer Nische im oberen Teil der Hauptfassade zu sehen ist, traf sich hier 1470 mit seinem Gegenspieler, Ungarns König Matthias Corvinus. Das Gebäude wurde 1896 abgerissen, im darauffolgenden Jahr begann der Neubau nach Plänen von Franz von Neumann als Miet- und Warenhaus. Die Büsten und das Standbild wurden in die neue Fassade integriert, wo sie nach wie vor zu sehen sind.

In der Mitte des Platzes steht ein Denkmal, das **Johannes Gutenberg,** den Erfinder des modernen Buchdrucks mit beweglichen Lettern, darstellt.

Wir gehen rechts vom Regensburger Hof die **Bäckerstraße** entlang, wo früher einige Bäcker ihr Gewerbe ausübten. Die Bäckerstraße ist von einer Reihe sehr gut erhaltener Bürgerhäuser gesäumt, deren Kern zum Teil bis ins Mittelalter zurückreicht. Die Zeit der Renaissance, des Barock, aber auch des Historismus haben hier ihre Spuren hinterlassen. Alle Gebäude der Bäckerstraße stehen unter Denkmalschutz.

Regensburger Hof

Beim Wohnhaus in der **Bäckerstraße 12** ist die frühgotische Bausubstanz aus dem 13. Jahrhundert bis heute erkennbar. Bei Renovierungsarbeiten wurde eine Fassadenmalerei aus dem 16. Jahrhundert freigelegt. Sie stellt eine bebrillte Kuh mit einem Wolf dar, welche miteinander Trick-

Akademie der Wissenschaften

track, heute besser bekannt unter der Bezeichnung Backgammon, spielen. Der Eigentümer des Hauses war der Stadtrichter Hieronymus Kuh, der hier mit seiner Tochter Trude lebte. Herr Kuh liebte das Brettspiel und traf sich regelmäßig mit Hans Kagelwidt, dem Rat des Herzogs Rudolf IV., zu einer Partie. So war es unumgänglich, dass auch Trude dem charmanten jungen Mann begegnete. Die beiden jungen Leute verliebten sich ineinander, und bald wurden Vorbereitungen für die Hochzeit getroffen. Im Hinblick auf den großen Tag wurde beschlossen, das Haus mit einem Namen und einer dazu passenden Bemalung zu versehen. Kagelwidt bestellte einen Maler, der die Hausbemalung unter einem Verdeck vornahm. Bei der Enthüllung brachen die umstehenden Schaulustigen in schallendes Gelächter aus, als sie die Kuh mit der Brille sahen. Hieronymus Kuh verfügte nicht über denselben Humor wie sein Schwiegersohn und ließ das Bild übermalen. Doch der Schaden war angerichtet: Für die Wiener blieb es das Haus **„Allwo die Kuh am Brett spielt".**

Wir gelangen zum 9 **Dr.-Ignaz-Seipel-Platz,** der nach dem Prälaten und österreichischen Bundeskanzler Dr. Ignaz Seipel benannt wurde. Auf der gegenüberliegenden Seite befindet sich die **Alte Aula** der ersten Universität Wiens, die 1365 auf Beschluss Rudolfs IV. gegründet wurde. Kaiser Ferdinand II. betraute 1623 den Jesuitenorden mit der Aufgabe, die Hochschule neu zu organisieren. Die danebenliegende **Jesuitenkirche** wurde 1631 geweiht, die barocke Ausgestaltung des Kircheninneren stammt vom Beginn des 18. Jahrhunderts. Gegenüber der Alten Aula befindet sich die 1755 errichtete **Neue Aula,** die Platz für alle vier Fakultäten bot. Heute beherbergt das Gebäude die **Akademie der Wissenschaften.**

Griechengasse

3 DAS VIERTEL UM DEN STEPHANSDOM

Jesuitenkirche

Schönlaternhaus

Links neben der Jesuitenkirche verläuft die Jesuitengasse, die in die **Schönlaterngasse** mündet. Wir biegen links ein und kommen zum erst kürzlich generalsanierten Schönlaternhaus, das der Gasse ihren Namen gab. Erst im 18. Jahrhundert, während der Regierungszeit von Maria Theresia, wurde jedes Gebäude mit einer Nummer versehen; bis dahin waren die Häuser lediglich mit einem Hauszeichen ausgestattet, damit es für den Postboten erkennbar war. Die schöne Laterne an der Hausfassade ist eine Replik, das Original befindet sich im Wien Museum am Karlsplatz.

Gegenüber steht das 10 **Basiliskenhaus,** auf dessen Fassade eine historische Inschrift und darüber ein steinerner Basilisk zu sehen ist. Die Geschichte soll sich 1212 zugetragen haben, als frühmorgens eine Magd Wasser aus dem Brunnen schöpfen wollte. Ein übler Geruch stieg aus dem Brunnen empor, und ein toter Mann lag davor. Erschrocken lief sie davon, um Hilfe zu holen, und bald war man sich in der Stadt darüber einig, dass man es hier wohl mit einem Basilisken – einem ekligen Fabeltier, das eine Kreuzung von Kröte und Hahn war – zu tun habe. Ein Blick in die Augen dieses Ungeheuers sollte genügen, um auf der Stelle tot und versteinert umzufallen. Der Bürgermeister setzte eine hohe Prämie für den Bezwinger des Basilisken aus. Doch weit und breit fand sich niemand, der dieses hohe Risiko in Kauf nehmen wollte, bis ein junger Bäckergeselle von der Geschichte hörte. Er lag die ganze Nacht wach, bis er eine grandiose Idee hatte. Tags darauf machte er sich mit einem Spiegel auf den Weg zum Brunnen, hielt den Spiegel darüber, und als der Basilisk hinaufblickte, fiel sein tödlicher Blick auf ihn zurück. Der Bäckergeselle freute sich über die Belohnung und konnte nun endlich seine Auserwählte heiraten.

Wir gehen weiter und betreten den 11 **Heiligenkreuzerhof,** der seit dem 13. Jahrhundert zum Zisterzienserstift Heiligenkreuz in Niederösterreich gehört. Hier befinden sich die Prälatur und die Kapelle, aber auch ein bis heute bewohntes Mietshaus. Beeindruckend ist, dass in diesem Hof der Straßenlärm plötzlich wie abgeschaltet ist, eine Oase der Ruhe. Wir gelangen in die Grashofgasse, biegen rechts in die Köllnerhofgasse ein und wieder rechts auf den **Fleischmarkt.** Wir erblicken die **griechische Kirche,** die aufgrund des Toleranzpatents von Kaiser Joseph II. 1787 errichtet werden durfte. Da es sich um kein katholisches Gotteshaus handelte, durfte es von außen nicht als Kirche erkennbar sein. Erst 1861 wurde der in byzantinischer Form gehaltene Vorbau von Theophil Hansen hinzugefügt.

Basiliskenhaus

Links von der Kirche ist das Griechenbeisl, eine der ältesten Gaststätten der Stadt. Wenn man durch das Eingangsportal geht, steht man vor einem in den Boden eingelassenen Gitter. Darunter sitzt 12 **der liebe Augustin,** der während der Zeit der großen Pestepidemie 1679 viel Zeit in diesem Lokal verbrachte. Der Eigentümer des Lokals hatte dem Bänkelsänger, der seine Gäste jahrelang gut unterhalten hatte, versprochen, dass in schlechten Zeiten immer ein

Griechengasse

Plätzchen für ihn frei sei. Die schlechten Zeiten waren gekommen, die schwarze Pest zog verheerend durch das Land. Es galt ein Versammlungsverbot, und so hatten es Leute wie Augustin besonders schwer. Nun verbrachte er wieder einmal einen Abend bei seinem Wirt und hatte wohl ein paar Gläschen zu viel getrunken, sodass er auf dem Heimweg stürzte und nicht mehr in der Lage war, weiterzugehen. Da es eine laue Sommernacht war, rollte er sich an den Straßenrand, um hier die Nacht zu verbringen. Als frühmorgens die mit der Wegschaffung der Pestleichen beauftragten Pestknechte vorbeikamen, sammelten sie auch den tief im Alkoholrausch schlummernden Augustin ein und warfen ihn in eine Pestgrube. Was war das für ein albtraumähnliches Erwachen, als dem nunmehr nüchternen Augustin klar wurde, wo er da gelandet war! Alleine gelang es ihm jedoch nicht, aus der Grube herauszusteigen, und so nahm er seinen Dudelsack und sang aus vollem Halse: „Oh, du lieber Augustin, alles ist hin!“ Alsbald wurde er von helfenden Händen aus seiner misslichen Lage befreit. Er überlebte den Direktkontakt mit den an der Pest Verstorbenen ohne jegliche Symptome, wahrscheinlich hatten die großen am Vorabend konsumierten Alkoholmengen für entsprechende Desinfektion gesorgt.

Wir gehen jetzt die Griechengasse hinunter und biegen links in die Rotenturmstraße, die uns zurück zum Stephansdom führt.

Griechengasse

4

START/ZIEL: Schweizergarten, Ecke Landstraßer Gürtel/Arsenalstraße
LÄNGE: ca. 5,5 Kilometer
DAUER: ca. 3 Stunden
ÖPNV: Haltestelle Quartier Belvedere
PARKEN: Garage Andaz Vienna Am Belvedere, Alfred-Adler-Straße, 1030 Wien

UNTERWEGS ENTDECKT

1. Schweizergarten
2. Belvedere 21 (21er Haus)
3. Heeresgeschichtliches Museum
4. Panzerhalle
5. Kapelle „Maria vom Siege"
6. Hauptbahnhof
7. Icon Vienna
8. Erste Group

ESSEN + TRINKEN

Klein Steiermark, Heeresmuseumstraße 1, 1030 Wien,
Tel. +43 1/7 99 58 83, kleinsteiermark.wien
Im gemütlichen Schanigarten kann man sowohl steirische Gerichte als auch Schmankerln der Wiener Küche genießen.

QUARTIER BELVEDERE UND UMGEBUNG

Neue Nachbarschaft fürs Belvedere

Nach der Auflösung des alten Südbahnhofs und der Schaffung des Hauptbahnhofs am nahe gelegenen Südtiroler Platz wurden in den vergangenen Jahren in diversen Objekten des Arsenals Wohnungen neu adaptiert und vermietet. Auf dem ehemaligen Bahnhofsgelände entstand das Quartier Belvedere mit modernsten Glaspalästen, die sowohl Büros als auch Wohnungen bereitstellen. Ein neues Wohnviertel mit entsprechender Infrastruktur ist entstanden.

Schweizergarten, Teich

Der Spaziergang führt zunächst durch den 1 **Schweizergarten,** eine der etwa 1000 Parkanlagen Wiens. Der rund 100.000 Quadratmeter große ehemalige Maria-Josefa-Park war bereits 1906 im Stil eines englischen Landschaftsgartens angelegt worden, da das Rayon um das Arsenal aus strategischen Gründen nicht verbaut werden sollte. Namensgeberin war Erzherzogin Maria Josefa, die Mutter des späteren und letzten Kaisers von Österreich, Karl I. (1916–1918). Seinen aktuellen Namen erhielt der Schweizergarten im Jahre 1920 zum Dank für die großzügigen Hilfssendungen aus der Schweiz für die notleidende Wiener Bevölkerung nach Ende des Ersten Weltkrieges.

Chopin im Schweizergarten

Gleich zu Beginn unseres Rundgangs wird unser Blick von zwei geschwungenen Pfeilern, die zu einer Säule zusammenwachsen, eingefangen. Es handelt sich um das **Staatsgründungsdenkmal,** eine Chrom-Nickel-Stahl-Konstruktion, die sowohl an die Gründung der Ersten Republik im Jahre 1918 als auch an jene der Zweiten Republik im Jahre 1945 erinnert. Entlang des Gehwegs steht eine Reihe steinerner Schriftpulte, in welche der Text der Unabhängigkeitserklärung vom 27.4.1945 eingemeißelt ist.

Am **Ententeich** mit rundum stehenden Parkbänken befindet sich eine moderne Plastik, die das Profil Fryderyk Chopins zeigt. Das Denkmal ist ein Geschenk der Republik Polen anlässlich des 200. Geburtstags des polnischen Komponisten und zur Erinnerung an dessen Wien-Aufent-

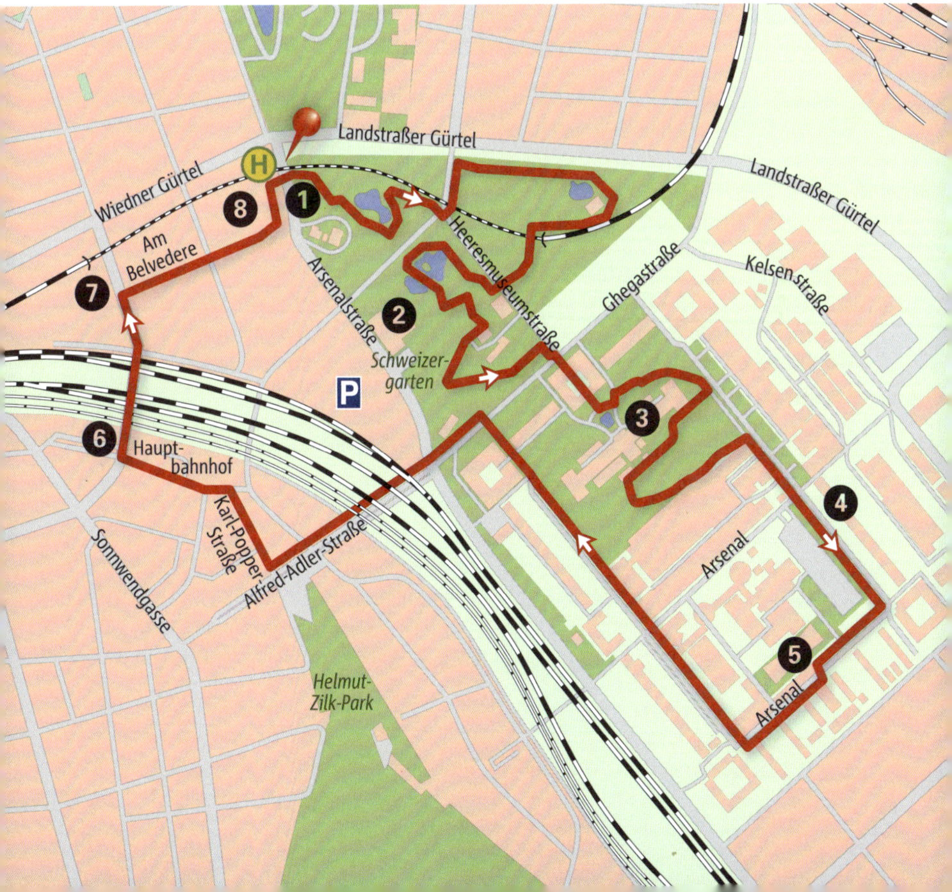

halt von 1829 bis 1831. Ein weiteres, von Blumen und Bäumen umranktes Denkmal befindet sich am anderen Ende des Teiches und ist dem Anthroposophen und Begründer der Waldorfpädagogik, Rudolf Steiner, gewidmet.

Um den Park weiter zu erkunden, überqueren wir die Schweizer-Garten-Straße. An der Hundezone vorbei gelangen wir zu einem eingezäunten Areal, einem der zahlreichen Kinderfreibäder, die von der Stadt Wien bereits in den Zwanzigerjahren angelegt wurden. Wir gehen um die Anlage herum, beim Eingangsbereich können wir einen Blick in das kleine, aber heimelige Schwimmbad werfen. Wir gehen noch ein Stück weiter, biegen links ab, unser Weg führt an den Pingpong-Tischen und dem Kinderspielplatz vorbei. Kurz nach der Gaststätte „Klein Steiermark“ biegen wir rechts ein, umrunden einen weiteren Ententeich gegen den Uhrzeigersinn, an dessen Rückseite das beruhigende Rauschen eines kleinen Wasserfalls die Sinne erfrischt.

Um den Hunden die Möglichkeit eines Auslaufs zu bieten, hat die Stadt in allen Bezirken Hundezonen eingerichtet.

Hinter dem Teich sehen wir einen modernen Bau von der Rückseite, das ehemalige Zwanzger Haus. Es handelt sich um den österreichischen Pavillon der Weltausstellung in Brüssel 1958, der vom Architekten Karl Schwanzer entworfen, dann nach Wien übersiedelt und 1962 als Museum des 20. Jahrhunderts eröffnet wurde. Seit dem Um- und Ausbau 2011 heißt das Museum inoffiziell 21er Haus, der offizielle Name ist jedoch 2 **Belvedere 21,** da es sich nun um eine Dependence des Belvedere handelt. Gezeigt wird österreichische Kunst des 20. und 21. Jahrhunderts. Der Eingang befindet sich auf der Arsenalstraße.

Rudolf Steiner

Der Weg führt weiter um ein eingezäuntes Areal, einen Schönwetterspielplatz für Schulklassen, deren Schule über keinen eigenen Garten verfügt. Es geht vorbei am Stadtgartenamt (die Wiener Stadtgärten pflegen die städtischen Parkanlagen, die eine Gesamtfläche von 17 Quadratkilometern darstellen) in Richtung Hundezone. Von hier aus geht es rechts zum Belvedere 21; hält man sich links und überquert die große Wiese, erreicht man einen ampelgeregelten Übergang.

Auf der anderen Seite der **Ghegastraße** befindet sich das **Arsenal,** das im Stil des romantischen Historismus erbaut wurde. Nach der Revolution 1848 wurden rund um die Innenstadt Defensivkasernen gegen künftige Aufstände der Arbeiterschaft errichtet. Das Arsenal war die größte mit ursprünglich 72 Einzelobjekten, deren Bau insgesamt 177 Millionen Ziegel benötigte. Heute zählt die zwischen 1849 und 1856 entstandene Anlage aufgrund von Kriegsschäden nur noch 31 Objekte. Die Rohziegelbauten sind in einem Rechteck von 480 Metern Breite und 688 Metern

Carl Ritter von Ghega war der Erbauer der Semmeringbahn, die seit 1998 UNESCO-Weltkulturerbe ist.

Säulenhallen

Länge angeordnet. Die hohen, turmartigen Gebäude und die niedrigen Depottrakte dienten einst als Militärvolks- und Artilleriekadettenschule und boten entsprechende Unterkunft. Während der beiden Weltkriege wurde das Arsenal sowohl als Kaserne als auch als Waffenfabrik und -depot genutzt. Das **Objekt 1,** das ehemalige Kommandantengebäude, von den beiden unglücklichen Ringstraßenarchitekten Siccardsburg und van der Nüll entworfen (siehe Spaziergang 1, Seite 7), ist heute ein Wohn- und Bürohaus.

Wir durchqueren das Gebäude und erblicken gegenüber das 3 **Heeresgeschichtliche Museum,** dessen Slogan „Kriege gehören ins Museum" Neugierde weckt. Auch hier war ein Ringstraßenarchitekt, Theophil Hansen, zusammen mit Ludwig Förster am Werk. Der erste Museumsbau der Stadt, damals „k.k. Hof-Waffenmuseum", wurde 1869 eröffnet. Schon ein flüchtiger Blick in die Eingangshalle ist beeindruckend: Die sogenannte Feldherrenhalle macht ihrem Namen mit den lebensgroßen Statuen aus Carrara-Marmor alle Ehre. Insgesamt 60 berühmte Feldherren, die sich für Österreich verdient gemacht haben, wurden hier verewigt. Wenn wir einen Blick zurückwerfen, sehen wir links und rechts des Objekts 1 die beiden lang gestreckten **Säulenhallen,** in welchen eine Vielzahl an unterschiedlichen Kanonen ausgestellt ist, die bis auf das 16. Jahrhundert zurückgehen. Weitere Kanonen können direkt vor dem Museumsgebäude begutachtet werden. Wir wenden uns nach links und begeben uns auf die Rückseite des Heeresgeschichtlichen Museums, wo einige Panzerfahrzeuge zu sehen sind.

Der Mittelteil des Arsenals wurde ab den Sechzigerjahren verbaut. Auf der anderen Seite der Parkanlage, in der wir uns jetzt befinden, steht ein lang gezogener Bau, der 1963 errichtet wurde und die **Dekorationswerkstätten der Bundestheater** beherbergt. Hier entstehen die riesigen Bühnenbilder, unter anderem für die Wiener Staatsoper, die während der saisonalen Spielzeit täglich ausgetauscht werden müssen. Wir gehen zurück zum Hauptweg und begegnen auf der rechten Seite weiteren Neubauten: dem ebenfalls 1963 errichteten Fernmeldezentralamt, der in den Siebzigerjahren entstandenen Post- und Telegraphendirektion, heute Technologiezentrum Arsenal der Telekom Austria mit dem 155 Meter hohen Funkturm. Linker Hand befinden sich eine Reihe niedriger Bauten, in welchen sich die sogenannte 4 **Panzerhalle,** eine Dependance des Heeresgeschichtlichen Museums, befindet.

Heeresgeschichtliches Museum

Kapelle „Maria vom Siege“

Bürokomplex Erste Group

Wir biegen rechts ein und gehen am Areal der Telekom Austria entlang. Inmitten der modernen Wohnbauten linker Hand ragt die kleine neoromanische 5 **Kapelle „Maria vom Siege“** am Ende der Mittelachse des Arsenals hervor. Die von Carl Rösner erbaute Kirche wurde 1856 geweiht und steht heute unter Denkmalschutz. Die Heereskapelle war für die im Arsenal stationierten Artillerieregimenter gebaut worden und bietet 300 Personen Platz. Zur Kirche gelangt man über eine Freitreppe, da sich der Eingang 4 Meter über dem Straßenniveau befindet. Die Unterkirche darunter war als Begräbnisstätte für verdiente Offiziere vorgesehen.

Wir gehen weiter und biegen wieder rechts ab. Auf diesem Weg steht das Marterl am Kirchenweg. Ein Stückchen weiter befindet sich das Wirtschaftsforschungsinstitut, danach die in den Neunzigerjahren entstandene **Probebühne des Burgtheaters.** Auf der linken Seite lädt eine Reihe von Tennisplätzen zur sportlichen Aktivität ein.

Wir verlassen das Arsenal, wenden uns an der Ghegastraße nach links, überqueren die Arsenalstraße und betreten das fast noch nach frischer Farbe riechende **Quartier Belvedere** mit einer Gesamtfläche von rund 25 Hektar. Bis 2010 befand sich an dieser Stelle noch der Südbahnhof, der nur wenige Hundert Meter weiter, am anderen Ende der Anlage, als Hauptbahnhof neu entstanden ist. Die hohen Gebäude sind durch Grünflächen aufgelockert.

Die eindrucksvollsten Bauwerke des Quartiers Belvedere sind jene, die direkt am Wiedner Gürtel stehen. Um dorthin zu gelangen, gehen wir die Alfred-Adler-Straße bis zur Karl-Popper-Straße, in die wir rechts einbiegen, dann die Gerhard-Bronner-Straße links an einer Reihe von Hotel-Neubauten vorbei, bis wir zum 6 **Hauptbahnhof** kommen. Auf Höhe der Gertrude-Fröhlich-Sandner-Straße biegen wir rechts ein und begegnen auf der linken Seite dem 7 **Icon Vienna,** das sich aus drei Bürotürmen unterschiedlicher Höhe zusammensetzt. Das höchste Gebäude mit 24 Stockwerken misst 88, die beiden anderen messen 66 beziehungsweise 38,5 Meter. Im unteren Bereich sorgt eine Begegnungszone mit ausgewogener Infrastruktur für Belebung, denn mehrere Geschäfte und Gaststätten haben sich dort angesiedelt.

Die Erste Österreichische Sparkasse wurde 1819 gegründet.

Wir gehen zurück zur Gertrude-Fröhlich-Sandner-Straße, gehen Am Belvedere entlang und überqueren die Karl-Popper-Straße, um zum letzten Punkt unseres Rundganges, dem 8 **Bürokomplex Erste Group,** zu gelangen. Der Erste Campus vereint mehr als 20 ehemalige Wiener Niederlassungen an einem Standort. Hier kommt das innovative Konzept „Neue Arbeitswelten" zum Tragen, denn die 4500 Mitarbeiter können innerhalb ihrer Abteilung den Arbeitsplatz je nach Bedarf flexibel wechseln.

Am Wiedner Gürtel erwecken die bunten Farben der sieben den Erste-Group-Gebäuden gegenüberliegenden Häuser unser Interesse. Die Gebäude waren noch vor ein paar Jahren in einem elenden Zustand gewesen, was die Bank auf die Idee brachte, deren Fassaden zu restaurieren und sie in den Farben der Euro-Geldscheine bemalen zu lassen.

Wiedner Gürtel

5

START/ZIEL: Peterskirche, Petersplatz, 1010 Wien
LÄNGE: ca. 1,5 Kilometer
DAUER: ca. 1,5 Stunden
ÖPNV: Haltestelle Stephansplatz
PARKEN: Garage Am Hof, Am Hof 1, 1010 Wien

UNTERWEGS ENTDECKT

1. Peterskirche
2. Apotheke „Zum weißen Engel"
3. Haarhof
4. Heidenschuss
5. Schottenstift
6. Kirche „Zu den neun Chören der Engel"
7. Tuchlauben

ESSEN + TRINKEN

Brezl G'wölb, Ledererhof 9, 1010 Wien,
Tel. +43 1/5 33 88 11, brezl.at
Das heimelige Kellerlokal befindet sich in einem Gebäude mit mehr Kelleretagen, als es Stockwerke besitzt.

DAS VIERTEL UM DEN PLATZ AM HOF

Der erste Herrschersitz Wiens

Das Viertel um den Platz am Hof liegt ein bisschen abseits, es ist dennoch historisch und architektonisch interessant. Als der Babenberger Markgraf Heinrich II. Jasomirgott 1155 (ab 1156 führte er den Titel Herzog von Österreich) seine Residenz von Klosterneuburg nach Wien verlegte, entstand am Platz Am Hof eine Pfalz. In den umliegenden Gassen siedelten sich Handwerker an, heute noch kann man anhand der Straßennamen erkennen, welches Produkt wo feilgeboten wurde. Wien war im Mittelalter eine wichtige Handelsstadt und lockte Menschen aus aller Herren Länder an.

Startpunkt ist der Vorplatz des zweitältesten Gotteshauses Wiens, der 1 **Peterskirche.** Das romanische Kirchlein war im Zuge der Christianisierung Europas im Jahre 800 durch Kaiser Karl den Großen errichtet und zur Zeit der Pest 1679 recht baufällig geworden. Kaiser Leopold I. gelobte, die Kirche zu erneuern, sobald die Pest überstanden sei. Dies geschah im Geschmack des damaligen Zeitgeistes, 1701 erstrahlte eine Minibarockkirche in neuem Glanz.

Eisgrübl

Wir wenden uns nach rechts und sehen auf dem Petersplatz einen Häuserblock, über dessen Eckfenstern im ersten Stock ein steinerner Frauenkopf mit der Inschrift **„Eisgrübl"** darauf hinweist, womit hier einst gehandelt wurde. In den bis zu sieben Stockwerken tiefen Kellern wurden Eisblöcke gelagert, die in Zeiten, als es noch keine Kühlschränke gab, verkauft wurden. An der Rückseite der Kirche geht es an der Kühfußgasse vorbei, die ihren Namen der ehemaligen Bierschenke „Zum Kühfuß" zu verdanken hat.

5 DAS VIERTEL UM DEN PLATZ AM HOF

Weiter geht es in die **Milchgasse,** ehemals „Milchgässel". Auf der linken Straßenseite befindet sich eine Tafel neben dem Hauseingang, die darauf hinweist, dass Wolfgang Amadeus Mozart hier wohnhaft war. Er hatte sich eine Zeit lang bei Frau Weber und ihren vier Töchtern eingemietet und sich in die älteste der Schwestern, Aloisia, verliebt. Da diese jedoch einen anderen heiratete, wandte er sich der jüngeren Schwester Constanze zu. „Wegen des Geredes der Leute" musste er sich allerdings eine andere Bleibe suchen. Schließlich ehelichte Mozart seine Constanze gegen den Willen seines Vaters; die Ehe soll glücklich gewesen sein.

Peterskirche

Wir queren die Tuchlauben und gehen nach links bis zur **Bognergasse,** deren Name auf die einst hier ansässige Bognergilde zurückgeht. Auf Höhe der Bognergasse 3 lebte und arbeitete einst der Bognermeister Kaspar Pergauer, der trotz Warnungen seiner Freunde die schöne, aber spitzzüngige Ursula geheiratet hatte. Es kam, wie es kommen musste: Ursula machte ihm das Leben zur Hölle, bis er eines Abends fluchtartig das Haus verließ, zum Petersfriedhof lief und dort lautstark seinem Unmut Luft machte: „Da möchte man wirklich den Teufel zu Hilfe rufen!" Kaum hatte er es ausgesprochen, stand der Belzebub vor ihm. Der Teufel verfügt über eine ganze Schar an Helfern und Helfershelferchen. In diesem Fall handelte es sich um einen Neuling, welcher der Zunft der Teufel seine Fähigkeiten beweisen wollte. Schnell einigten sich die beiden darauf, dass der Teufel eine Woche lang die Gestalt Kaspars annehmen werde. Sollte es ihm gelingen, die Frau zu zähmen, werde Kaspars Seele nach dessen Ableben ihm gehören. Am ersten Morgen versuchte es der vermeintliche Ehemann mit Liebe und küsste seine Frau zärtlich wach, der gewünschte Erfolg blieb jedoch aus, denn Ursula verpasste ihm ein blaues Auge und zahlreiche blaue Flecken. Tags darauf probierte er es mit Vernunft, als Antwort wurde ihm ein Topf mit heißer Suppe über den Kopf gestülpt. Am dritten Tage nahm er sich vor, Gewalt anzuwenden.

Da er kein aggressives Mitglied seiner Zunft war, beschloss der Teufel, Ursula vorzuwarnen. Da auch diese Methode bei Kaspars Ehefrau lediglich einen Tobsuchtsanfall

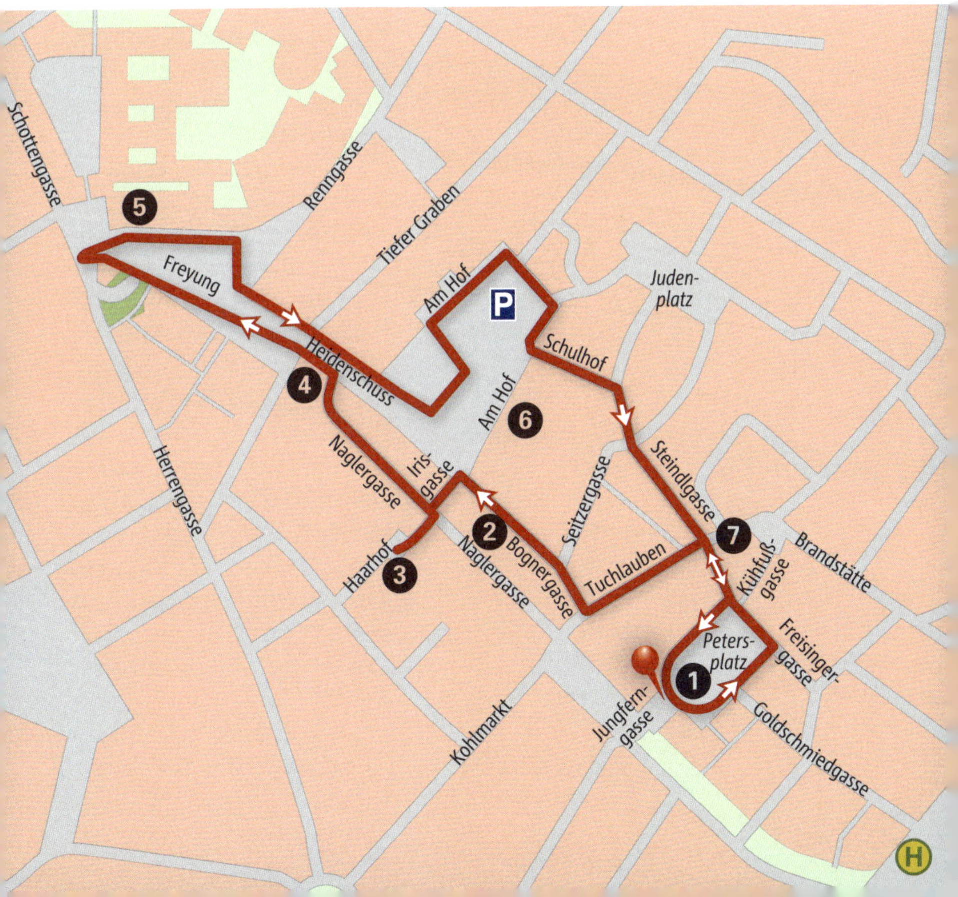

auslöste, nahm der Teufel seine richtige Gestalt an, um ihr Angst einzujagen. Sie zeigte sich völlig unbeeindruckt und hängte sich an seine Hörner, worauf eines abbrach. Der Teufel ergriff die Flucht, nur ein übler Schwefelgeruch blieb zurück. Kaspars Seele war damit gerettet, sein irdisches Leben jedoch nicht, das er bis zum bitteren Ende mit seiner unbezähmbaren Ursula durchstehen musste. Über dem Eingang des Hauses wurde ein Schild mit folgender Inschrift angebracht:

Pestilenz und Not ein Übel ist,
Krieg ein arger Zeitvertreib,
doch schlimmer als Teufels Tück und List,
ist, Gott behüt, ein böses Weib!

Gleich nebenan befindet sich das **Schwarze Kameel,** das sich vor allem wegen seiner köstlichen Canapés zu einem beliebten Treffpunkt gemausert hat. Angefangen hat es mit einer Gewürzkrämerei, die 1618 von Johann Baptist Cameel eröffnet wurde. Das alte Gebäude musste 1901 einem Neubau im Jugendstil weichen, das Schwarze Kameel mit seiner Bar, dem Restaurant und der Delikatessenhandlung blieb bestehen.

Ein paar Meter weiter kommen wir zur ❷ **Apotheke „Zum weißen Engel“,** die bereits 1890 an dieser Stelle gegründet wurde. Der Jugendstilbau aus dem Jahre 1901 wurde von Oskar Laske und Viktor Fiala ausgeführt. Ein Mosaik mit zwei Engeln schmückt die Fassade des schmalen Gebäudes.

Nun biegen wir links in die mit 17,5 Metern kürzeste Gasse Wiens ein. Die **Irisgasse** hatte im Laufe der Jahrhunderte die unterschiedlichsten Bezeichnungen, so zum Beispiel Adam-und-Eva-Gässel, da hier zu Zeiten Kaiser Karls VI. das unkeusche Fastnachtsspiel von Adam und Eva aufgeführt wurde. Seine Tochter, Kaiserin Maria Theresia, verbot das unsittliche Spiel.

Eine Zeit lang hieß es Hundsfottgässel, was zu einem Missverständnis führte: Ein edler Herr hatte sich ein paar

Monate lang hier angesiedelt. Als er eines Tages ein Schriftstück mit besagter Adressbenennung erhielt, war er außer sich vor Zorn, da er eine Beleidigung seiner Person vermutete, und forderte den Absender zum Duell. Erst die herbeigerufene Polizei konnte das Schlimmste verhindern, indem sie die Echtheit der Gassenbenennung bestätigte. Erst im 19. Jahrhundert erhielt die Irisgasse ihren heutigen Namen, der auf die 1827 gegründete Trauerwarenniederlage und spätere Damenputzwarenhandlung „Zur Irisblume“ zurückgeht. Auch die unterirdische Toilettenanlage von 1938 ist erwähnenswert, da sie mit ihren noch im Original erhaltenen Holztrennwänden, Beschlägen und Zählwerk unter Denkmalschutz steht.

Apotheke „Zum weißen Engel“

5 DAS VIERTEL UM DEN PLATZ AM HOF

Wir überqueren die Naglergasse und gelangen in den ❸ **Haarhof,** den ehemaligen Handelsplatz für Flachshändler. Die abfallende Gasse wurde auch als „Ratzengraben" bezeichnet. Eingeweihte wussten, dass hier, im Gegensatz zum nahe gelegenen Graben, die weniger elegante, dafür aber auch weit preisgünstigere Damenwelt zugegen war. Wir gehen wieder zurück und biegen links in die Naglergasse ein, die nach der Zunft der Nadler benannt wurde. Die Naglergasse mit ihrer Krümmung entspricht dem Verlauf der einstigen römischen Lagermauer und späteren mittelalterlichen Burgmauer. Die an der südlichen Seite der Gasse befindlichen Häuser gehen in ihrem Kern auf das 15. und 16. Jahrhundert zurück. Die alten Gebäude der gesamten rechten Seite der **Naglergasse** mussten zu Beginn des 20. Jahrhunderts Neubauten weichen.

Nadler sind Schmiede, die Nägel und Nadeln aller Art herstellten.

Am Ende der Naglergasse befindet sich ein kleines Straßenstück, das sich ❹ **Heidenschuss** nennt. Da es den Türken, die auch als Heiden bezeichnet wurden, 1529 im Zuge der Belagerung Wiens nicht gelang, in die Stadt einzudringen, beschlossen sie, unterirdische Stollen zu graben. Ein Überläufer berichtete den Wienern von dem Plan, worauf in allen Kellern der Stadt mit Wasser gefüllte Bottiche oder Trommeln, auf denen Würfel lagen, aufgestellt wurden, um unterirdische Bewegungen sofort wahrnehmen zu können. Ein fleißiger Bäckersgeselle, der sich gerade im Keller der Bäckerei aufhielt, traute seinen Augen nicht, als plötzlich die Würfel auf dem gespannten Trommelfell auf und ab hüpften. Sofort verständigte er seinen Meister, der Verstärkung holte. Aus dem Untergrund waren Stimmen zu vernehmen. Als die Türken eine Öffnung durchbrachen, wurde ihnen ein Bottich Wasser nach dem anderen entgegengeschüttet, bis die Stimmen verstummten. Am nächsten Morgen zog Sultan Süleyman mit seinen 150.000 Soldaten überstürzt ab. An der Ecke des Hauses Heidenschuss/Strauchgasse wurde zur Erinnerung ein steinerner türkischer Reiter mit seinem Krummsäbel angebracht.

Austriabrunnen Freyung

5 DAS VIERTEL UM DEN PLATZ AM HOF

Haus „Zur goldenen Kugel“

Nun gelangen wir auf den Platz vor der Schottenkirche, der als **Freyung** bezeichnet wird, nachdem 1181 der Klosterbezirk der Schotten von der landesfürstlichen Gerichtsbarkeit befreit wurde. Aufgrund dieses Asylrechts konnte man der städtischen Gerichtsbarkeit entgehen. Dieses Recht wurde im 18. Jahrhundert von Maria Theresia aufgehoben, der Name ist geblieben. Jahrhundertelang war die Freyung Schauplatz eines regen Marktlebens, bis die Benediktiner des Schottenstifts des lärmenden Treibens überdrüssig waren und den Abzug der Obst- und Gemüseverkäufer durchsetzten. Als Ersatz wurde den Händlern der Bereich des heutigen Naschmarkts zugeteilt.

Auf der linken Seite befindet sich das **Palais Ferstel,** das ursprünglich für die österreichisch-ungarische Bank gebaut worden war. Heute bummeln die Menschen durch die Ferstel-Passage mit ihren charmanten Geschäften und dem Donaunixenbrunnen. Am anderen Ende der Passage hat das Café Central seinen Sitz.

Das **Palais Harrach** auf Freyung 3 wurde 1690 im Auftrag des Grafen Ferdinand Bonaventura Harrach errichtet. Zum Palais gehörte ein Garten, der die Grenze zwischen Herrengasse und Freyung bildete, im Laufe der Zeit wurde er verbaut.

An der Abzweigung zur Herrengasse steht das **Palais Daun-Kinsky,** ein 1719 von Johann Lucas von Hildebrandt für Feldmarschall Wirich Philipp Graf Daun erschaffenes hochbarockes Gebäude. Ende des 18. Jahrhunderts kam das architektonische Schmuckstück an die Familie Kinsky, die es 1986 veräußerte. Heute ist das Palais im Besitz einer 2015 von Karl Wlaschek hinterlassenen Stiftung. Karl Wlaschek war der Gründer der Supermarktkette Billa.

Das 5 **Schottenstift** wurde 1155 von iroschottischen Benediktinermönchen gegründet, die Herzog Heinrich II. Jasomirgott nach Wien berufen hatte. Der Stiftsgründer ist in der Kirche bestattet, ein Denkmal an der Fassade des Gotteshauses erinnert an ihn. 1807 wurde das humanistische Schottengymnasium infolge eines kaiserlichen Dekre-

Schottenkirche

tes geschaffen. Neben der renommierten Schule verfügt das Stift nicht nur über ein Gästehaus, das sogenannte Benediktushaus, sondern auch über ein eigenes Museum. Die Hauptattraktion des Museums im Schottenstift ist der Wiener Schottenaltar, ein bedeutendes Kunstwerk der Spätgotik. Darauf ist eine Stadtansicht von Wien zu sehen, die eine wichtige historische Bildquelle darstellt.

Das danebenliegende, 1774 errichtete **Schubladkastenhaus** erhielt seinen Namen aufgrund der Ähnlichkeit mit dem gleichnamigen Möbelstück. Es war das erste bürgerliche Mietshaus, in dem zunächst auch die Schule der Schotten und die Totenkammer untergebracht waren. Seit 1837 sind die Räumlichkeiten Standort der Apotheke „Zu Unserer Lieben Frau bei den Schotten".

Wir gehen an der Renngasse vorbei und die Freyung auf der anderen Straßenseite wieder zurück. Das Gebäude mit der goldenen Kugel über dem Eingang war 1921 als Bankgebäude errichtet worden und beherbergt heute das **Bank Austria Kunstforum**. Seit den Achtzigerjahren werden hier Ausstellungen mit Schwerpunkt auf die Malerei der Klassischen Moderne bis hin zur zeitgenössischen Kunst organisiert, die sich größter Beliebtheit erfreuen. 2012 wurde auch der Österreichische Verfassungsgerichtshof in diesem Gebäude untergebracht.

Der Geländeeinschnitt des Tiefen Grabens ist durch den einst hier verlaufenden Ottakringer Bach entstanden.

Wir gehen am Tiefen Graben vorbei und gelangen auf den **Platz am Hof,** einen der ältesten Plätze Wiens, in dessen Mitte eine **Mariensäule** steht. Im Jahre 1645, gegen Ende des Dreißigjährigen Krieges, drohte Wien der Einfall von schwedischen Truppen. Wochenlang flehten die Wiener die heilige Muttergottes an, sie in der höchsten Not zu beschützen. Nach dem überraschenden Abzug der Krieger ließ Kaiser Ferdinand III. die Marmorsäule zu Ehren der Unbefleckten Empfängnis Mariens errichten. Der Platz am Hof diente über die Jahrhunderte als Marktplatz, der Veranstaltung von Volksfesten, aber auch als Richtplatz. Im 15. und 16. Jahrhundert fanden hier immer wieder Hinrichtungen statt.

Apsis der Kirche „Zu den neun Chören der Engel“

5 DAS VIERTEL UM DEN PLATZ AM HOF

Palais Collalto

Ungefähr dort, wo seit 1420 die gotische 6 **Kirche „Zu den neun Chören der Engel"** steht, wurde um 1155 die **erste Wiener Residenz der Babenberger** unter Herzog Heinrich II. Jasomirgott errichtet. Die Pfalz war ein Gebäudekomplex, in dessen Mitte sich das Wohnhaus der herzoglichen Familie befand. Der Babenbergerhof wurde unter seinem Sohn Leopold V. zum Schauplatz höfischen Lebens, bei denen Minnesänger wie Reinmar von Hagenau und Walther von der Vogelweide das erlauchte Publikum erfreuten. Als der Schweizertrakt errichtet wurde, verlagerte sich die Herrscherresidenz in die Hofburg. Das Herzogshaus wurde der landesfürstlichen Münze (so wurde das Münzamt genannt) übergeben, bis es 150 Jahre später den Beschuhten Karmelitern zur Verfügung gestellt wurde. Diese errichteten die Kirche am Hof, die 1554 dem Jesuitenorden bis zu seiner

Aufhebung 1773 überlassen wurde. Nach einem Brand im Jahre 1607 erhielt das Gotteshaus seine barocke Fassade. Heute beherbergt die Kirche die katholische Glaubensgemeinschaft der Kroaten in Wien.

Gegenüber der Kirche steht das **Merkleinsche Haus** auf Nr. 7, das nach Plänen von Johann Lukas von Hildebrand in der ersten Hälfte des 18. Jahrhunderts erbaut wurde. Heute ist in dem Gebäude das Feuerwehrmuseum untergebracht. Daneben steht das sogenannte **schmale rote Haus,** ein Renaissance-Bürgerhaus, das bereits 1528 errichtet wurde. Johann Nepomuk Kattus kaufte es 1899, um hier eine Spezereiwarenhandlung einzurichten. Das Gebäude wird heute noch von der Familie Kattus als Büro ihrer Weingroßhandlung genutzt. Bei näherer Betrachtung fällt auf, dass die Fassade des Hauses leicht nach hinten geneigt ist. Die zentrale Stelle der Wiener Feuerwehr ist in den Gebäuden Am Hof 9 und 10 untergebracht. Am Hof 10 entstand nach der ersten Belagerung Wiens durch die Osmanen im Jahre 1529 das **Bürgerliche Zeughaus** an der Stelle des einstigen Fleischhofs der jüdischen Gemeinde. Es wurde geschaffen, um auf eventuelle Übergriffe von außen mit ausreichenden Waffen- und Munitionsvorräten schneller reagieren zu können. Nach der zweiten Türkenbelagerung 1683 war das stark beschädigte Gebäude 1732 neu errichtet worden. Blickfang sind die beiden Figuren, die Tapferkeit und Beständigkeit symbolisieren und eine goldene Weltkugel auf dem Dreiecksgiebel tragen.

Bürgerliches Zeughaus

5 DAS VIERTEL UM DEN PLATZ AM HOF

Platz am Hof, Kirche „Zu den neun Chören der Engel"

Wir gehen an der Färbergasse vorbei und gelangen zum **Wohnhaus Am Hof 11,** das 1883 anstelle von drei kleineren Häusern errichtet wurde. Es wird im Volksmund „Zur goldenen Kugel" genannt, da links vom Portal eine Türkenkugel zusammen mit einer Gedenktafel angebracht ist. Der Vorgängerbau war 1683 von einer türkischen Kugel getroffen worden, was den damaligen Hauseigentümer dazu veranlasste, die Kugel vergolden und sie in die Hauswand einmauern zu lassen. Das Gebäude trägt aber auch den Namen Ledererhof, da in einem der anderen ehemaligen Gebäude das Zunfthaus der Ledererzeche stand.

Rechts davon steht das **Urbanihaus** auf Nr. 12, das nach dem heiligen Urbanus benannt wurde und mit seiner hochbarocken Fassade die Blicke auf sich zieht. Der Schuhmacher Johann Pockh ließ den Vorgängerbau von einem unbekannten Architekten 1718 mit einer barocken Hülle versehen.

Im **Palais Collalto** Am Hof 13 war seit dem 16. Jahrhundert die Adelige Landschaftsschule zu Hause, bis der Graf Franz Anton Collalto das Anwesen erwarb und es mit großem Aufwand in ein barockes Palais umwandeln ließ. In diesem Palais trat 1762 der sechsjährige Wolfgang Amadeus Mozart erstmals in Wien öffentlich auf und gab zusammen mit seiner Schwester Nannerl für den Grafen Thomas Vinciguerra Collalto und seine Gäste ein Konzert.

Wir biegen jetzt links in den Schulhof ein, umrunden die Kirche und können an ihrer Rückseite die ursprüngliche gotische Bauweise erkennen. An der Außenseite der Apsis gibt es schmale Anbauten, die heute noch als Geschäftslokale genutzt werden. Wir gehen weiter die Steindlgasse hinunter, bis wir wieder zur 7 **Tuchlauben,** einst eine der vornehmsten Straßen der Stadt, gelangen. Hier befanden sich ebenerdige Arkadengänge, die als Lauben bezeichnet wurden, wo die Tuchhändler und Tuchschneider ihre Ware feilboten.

Nun überqueren wir die Straße, gelangen in die Milchgasse und sind an unserem Ausgangspunkt angekommen.

DIE BABENBERGER

Die Babenberger waren eine Herrscherfamilie, die von 976 bis 1246 Österreich regierte. Zunächst waren die Babenberger Regenten Markgrafen, erst mit dem 1156 verfassten Privilegium minus erhielt Heinrich II. Jasomirgott den Titel eines Herzogs von Österreich. Das Privilegium minus wurde von Friedrich I. Barbarossa in Regensburg ausgestellt. Die Babenberger mussten auf das Herzogtum Bayern verzichten und erhielten als Gegenleistung die Umwandlung der Mark Österreich in ein Herzogtum. Das Geschlecht erlosch mit dem Tod des letzten männlichen Babenbergers Friedrich II. dem Streitbaren, der in der Schlacht an der Leitha 1246 ums Leben kam. In die Regierungszeit der Babenberger fällt der romanische Bau der Stephanskirche, die 1147 geweiht wurde.

6

START: Judenplatz, 1010 Wien
ZIEL: Sigmund-Freud-Museum, Berggasse 19, 1090 Wien
LÄNGE: ca. 4 Kilometer
DAUER: ca.2,5 bis 3 Stunden
ÖPNV: Haltestelle Stephansplatz; Rückkehr zum Ausgangspunkt ab Haltestelle Schottentor
PARKEN: Parkhaus Stephansplatz, Stephansplatz, 1010 Wien

UNTERWEGS ENTDECKT

1. Judenplatz
2. Hoher Markt
3. Synagoge
4. Morzinplatz
5. Schwimmende Gärten
6. U-Bahn-Station Roßauer Lände
7. Jüdischer Friedhof
8. Sigmund-Freud-Haus und -Museum

ESSEN + TRINKEN

Alef-Alef koscheres Restaurant, Seitenstettengasse 2, 1010 Wien, Tel. +43 1/5 35 25 30, alefalef.at
In diesem Restaurant werden köstliche koschere Speisen serviert, dank der freundlichen Bedienung fühlen sich die Gäste wie zu Hause.

VOM JUDENPLATZ ZUR BERGGASSE 19

Jüdisches Wien – hier wird Tacheles geredet!

Seit dem späten 12. Jahrhundert wurde die Geschichte Wiens vom Judentum mitgeprägt, und heute noch ist anhand der Architektur, aber auch des Sprachgebrauchs deutlich erkennbar, dass die jüdische Kultur insbesondere in den Bezirken Innere Stadt und Leopoldstadt nach wie vor lebendig ist.

Der Spaziergang beginnt am 1 **Judenplatz,** der bis 1421 das Zentrum des mittelalterlichen Judenviertels war, denn dort befanden sich die Judenschule, das Haus des Rabbiners, das Judenspital und das Badehaus. Sobald man den Platz betritt, sticht zunächst das **Lessing-Denkmal** ins Auge, das zu Ehren des Dichters Gotthold Ephraim Lessing errichtet wurde. Lessing gilt als wichtigster Vertreter der deutschen Aufklärung, der sich unter anderem mit seinem Werk Nathan der Weise für die Tolerierung der Juden eingesetzt hatte.

Judenplatz

Holocaust-Denkmal

Gesera ist der hebräische Ausdruck für Pogrom.

Ein weiterer Blickfang ist das **Holocaust-Denkmal,** das zum Gedenken der 65.000 überwiegend aus Wien stammenden österreichischen, vom NS-Regime ermordeten Juden geschaffen wurde. Der Stahlbetonkubus der britischen Künstlerin Rachel Whiteread symbolisiert die Shoah als unendlichen Verlust und unfassbare Leere. Parallel zur Ausschreibung des Mahnmalwettbewerbs wurden archäologische Ausgrabungen durchgeführt, um die Überreste der mittelalterlichen Synagoge zum Vorschein zu bringen. Diese können über das **Museum Judenplatz,** das sich unmittelbar hinter dem Mahnmal befindet, unterirdisch besichtigt werden. Das Museum ist im **Misrahi-Haus** untergebracht und in erster Linie dem mittelalterlichen Judentum gewidmet. Auf der gegenüberliegenden Seite steht das älteste Gebäude des Platzes, das **Jordan-Haus.** Es stammt aus dem 15. Jahrhundert und ist das einzige vollständig erhaltene spätgotische Bürgerhaus Wiens. Auf der Fassade ist ein Relief mit einer antisemitischen Inschrift zu sehen, die auf die erste Wiener Gesera in den Jahren 1420 und 1421 anspielt. Die Juden wurden damals der Kollaboration mit den Hussiten – der ersten bedeutenden Opposition gegen die katholische Kirche – beschuldigt und infolgedessen zur Taufe gezwungen. Die Gemeindemitglieder, die die Zwangstaufe ablehnten, begingen in der Synagoge Selbstmord, die anderen wurden ausgewiesen oder auf dem Scheiterhaufen verbrannt; nach der Zerstörung der Judenstadt war das jüdische Leben in Wien 150 Jahre lang erloschen. Zwei Häuser weiter (Nr. 6) wurde 1998 von der Erzdiözese Wien eine Tafel angebracht, die die Mitschuld der Kirche an den Judenverfolgungen und der Shoah eingesteht.

Nun überqueren wir den Platz nochmals in Richtung Museum, biegen links in die **Drahtgasse** ab, die ihren Namen dem ehemaligen Sitz eines Drahtziehers verdankt, und gelangen zum Platz **Am Hof** (siehe Spaziergang 5, Seite 72). Wir halten uns links, denn unser Weg führt am Urbanihaus und am **Palais Collalto** vorbei. Wir biegen links in den **Schulhof** ein, der ebenfalls ein Teil der Judenstadt war. Wir

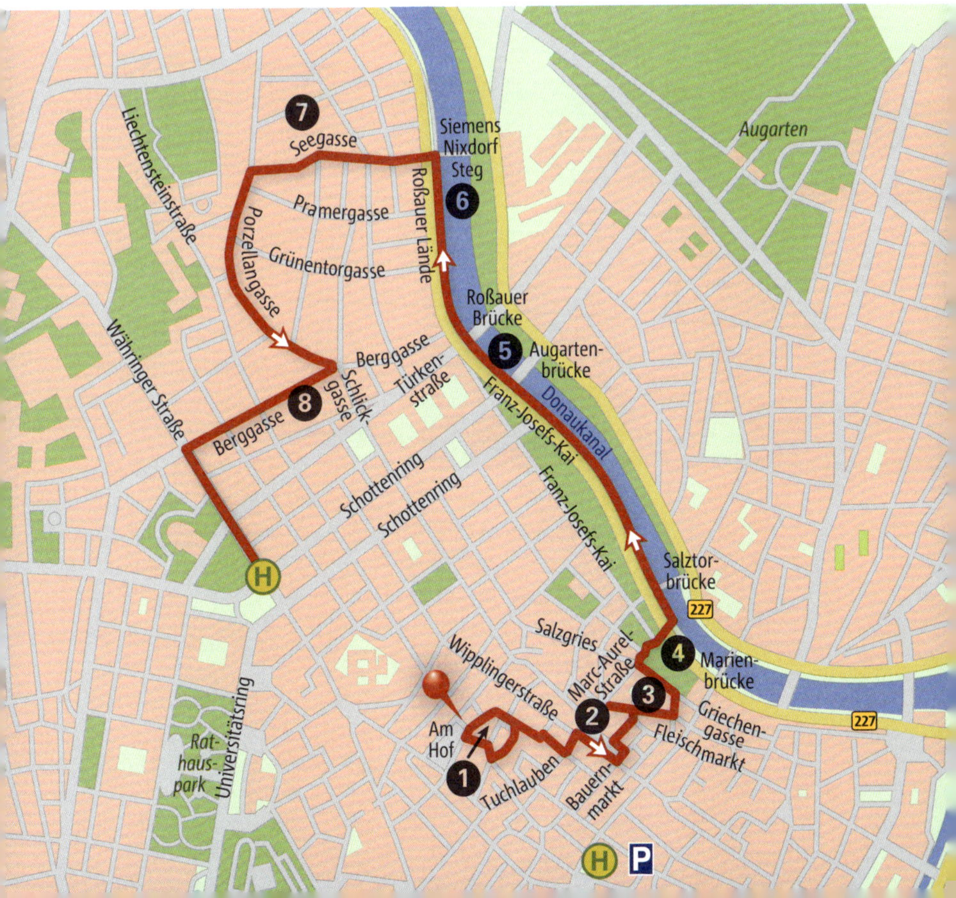

folgen dem Straßenverlauf, gehen am Uhrenmuseum vorbei und biegen links in die **Kurrentgasse** ab, die dank gut erhaltener barocker Bürgerhäuser absolut sehenswert ist. Am Ende der Kurrentgasse sind wir wieder am Judenplatz angelangt, gehen am Jordan-Haus vorbei, um dann rechts in die **Jordangasse** abzubiegen, wo wir den Sternhof entdecken. Das Bauwerk war bis 1421 Teil der Judenstadt, berühmte Persönlichkeiten wie der Barockarchitekt Johann Bernhard Fischer von Erlach und der österreichische Dramatiker und Schauspieler Johann Nestroy hatten dort ihren Wohnsitz. Weiter führt unser Weg durch die **Schultergasse,** die in die **Tuchlauben** mündet (siehe Spaziergang 5, Seite 73).

Vermählungsbrunnen, Hoher Markt

Wir gelangen auf den ❷ **Hohen Markt,** der schon zu Römerzeiten das Zentrum des römischen Lagers Vindobona war. Bereits im Mittelalter war er Drehscheibe des öffentlichen Lebens. Neben dem Fischmarkt standen hier der Pranger und der sogenannte Narrenkotter – das waren Käfige, in denen unter anderem Dirnen und Wahrsager zur Schau gestellt und vom Volk zum Narren gehalten wurden, daher der Name.

Das erste Haus auf der rechten Seite war ehemals die **alte Schranne,** das Stadtgerichtshaus, das an dieser Stelle von 1441 bis 1855 stand. Auf dem Dach des Neubaus aus dem 19. Jahrhundert ist heute noch ein barocker Giebel mit einer Uhr zu sehen. Hier befand sich die erste Uhr der Stadt, auf deren Rückseite Folgendes geschrieben stand: „Diese Uhr schlägt keinem Glücklichen". Das sogenannte Armensünderglöckchen wurde geläutet, wenn am Hohen Markt ein Todesurteil durch Hängen vollstreckt wurde. Galgen und Pranger wurden 1732 von dort entfernt, um dem **Vermählungs- oder Josefsbrunnen** Platz zu machen. Kaiser Leopold I. hatte gelobt, zum Dank eine Säule zu errichten, wenn sein ältester Sohn und Nachfolger auf dem Kaiserthron – Joseph – unversehrt von einer Schlacht heimkehren würde. Die Figuren stellen Josef und Maria dar, die von einem Hohepriester vermählt werden. Dem Brunnen gegenüber befindet sich der Eingang zum **Römermuseum,** das neben römischen Resten einen Einblick in die Lebensform der Römer gewährt. Wir gehen weiter und erblicken auf der gegenüberliegenden Seite die **Ankeruhr.** Die Kunstuhr wurde von Franz von Matsch entworfen und ziert seit 1913 den Schwibbogen über dem Bauernmarkt. Täglich um zwölf Uhr mittags kommen nacheinander zwölf historische Persönlichkeiten aus Wiens Geschichte zum Vorschein und werden von einem Musikstück begleitet. Wir gehen zur Rückseite des Vermählungsbrunnens und biegen rechts in die **Judengasse** ein. Ab der zweiten Hälfte des 19. Jahrhunderts bis zum Zweiten Weltkrieg war die Judengasse Teil des sogenannten Textilviertels, das für seine Schnäppchen bekannt war. Heute ist davon nichts mehr zu sehen, das einstige Grätzel wurde in ein trendiges Ausgehviertel mit dem Namen Bermudadreieck verwandelt.

Die seit 1701 hier ansässigen Kurrenten waren Einsammler von Abgaben und Zehnten, heute würde man sie als Steuereintreiber bezeichnen.

Ankeruhr

Das Wort Grätzel bezeichnet einen Teil eines Wohnviertels.

Die Judengasse mündet in den **Desider-Friedmann-Platz,** der 1990 nach Desider Friedmann, dem ersten zionistischen Präsidenten der Israelitischen Kultusgemeinde Wien, benannt wurde. Der Platz bildet mit einigen

Kornhäuselturm

angrenzenden Gassen eine Fußgängerzone. Die im Stil des Spätklassizismus errichteten Gebäude aus der ersten Hälfte des 19. Jahrhunderts stehen unter Denkmalschutz. Besonders bemerkenswert ist der neungeschossige **Kornhäuselturm,** der einst der höchste Turm Wiens war. Seinem Erbauer, dem Biedermeierarchitekten Josef Kornhäusel, diente er als Atelier und Wohnhaus. Über die Jerusalemstiege, die 1996 nach der „heiligen Stadt für drei Weltreligionen" benannt wurde, gelangen wir zum Fleischmarkt. Beim Stiegenaufgang befindet sich ein Gedenkstein mit folgender Inschrift: „Zur 3000-Jahr-Feier der Stadt Jerusalem hat die Stadt Wien diese Stiege als Zeichen der Verbundenheit benannt". Wir gehen zurück in die Judengasse und biegen links in die **Sterngasse** ab, wo im Zuge des Abbruchs des Hauses Nr. 5 riesige römische Quader von der Badeanlage des Legionslagers Vindobona gefunden wurden, die beim Abgang von der Sterngasse in die Marc-Aurel-Straße zu sehen sind.

Jerusalemstiege

Wir gehen wieder zurück und gelangen in die Seitenstettengasse, wo sich auf der rechten Seite die ❸ **Synagoge** (oder der Stadttempel) befindet, die zu dem von Josef Kornhäusel geschaffenen Gebäudekomplex gehört. Die älteste noch existierende Synagoge Wiens wurde 1824 erbaut, nachdem die Juden erstmals die Genehmigung erhalten hatten, ihre Religion öffentlich auszuüben. Bereits 1204 stand hier die erste urkundlich erwähnte Synagoge Wiens, die auf Initiative des herzoglichen Münzmeisters Schlom noch vor 1196 entstanden war. Der Stadttempel verbirgt sich hinter der Fassade eines bürgerlichen Wohnhauses, da gemäß den Bauvorschriften der damaligen Zeit nur katholische Gotteshäuser von der Straße aus sichtbar sein durften. Die Eröffnung des Stadttempels war ein Zeichen zunehmender gesellschaftlicher Anerkennung und wachsenden Selbstbewusstseins des Wiener Judentums. Der Bau erfolgte im Rahmen von sozialpolitischen Zugeständnissen, insbesondere ist an dieser Stelle die bürgerliche Gleichstellung der Juden durch das Staatsgrundgesetz zu erwähnen. Diese Maßnahmen führten zu einem sprunghaften Anstieg der jüdischen Bevölkerung, 1880 wohnten etwa 73.000 Juden in Wien.

Der Wiener Stadttempel blieb als einziger jüdischer Sakralbau von den Zerstörungen der Reichspogromnacht im November 1938 verschont, weil die Gefahr bestand, dass der gesamte Häuserblock den Flammen zum Opfer fallen könnte. Die Innenausstattung wurde jedoch vollständig zerstört und erst Jahre nach dem Krieg wieder rekonstruiert.

Wir gehen nun die **Seitenstettengasse** hinunter, bis wir auf den **Rabensteig** stoßen, dessen Verlauf der Umwallung des Römerkastells Vindobona beziehungsweise der mittelalterlichen Burgmauer entspricht. Wir biegen rechts ab und gehen bis Nr. 3, wo das **Wiener Wiesenthal-Institut für Holocaust-Studien** zu Hause ist. Dort befasst man sich mit Forschung, Dokumentation und Vermittlung von allen Fragen, die Antisemitismus, Rassismus, Nationalismus und Holocaust einschließlich dessen Vorgeschichte und Folgen betreffen.

Wir gehen zurück zu Nr. 8, wo 1980 das Lokal „Krah krah" – eines der ersten und bekanntesten Lokale des Bermudadreiecks – eröffnet wurde.

Vom Rabensteig geht es zum **Franz-Josefs-Kai,** wir biegen links ab und gelangen zum 4 **Morzinplatz,** wo ein imposantes Gebäude, der Leopold-Figl-Hof, zu sehen ist.

Seitenstettengasse und Synagoge

An dieser Stelle stand bis zum Ende des Zweiten Weltkriegs das gediegene Hotel Métropole, das bereits ab 1938 als Sitz der „Gestapo", der berüchtigten „Geheimen Staatspolizei" des NS-Regimes, diente. Tausende Österreicher wurden im Keller des Hotels zur Erzielung von Geständnissen gefoltert und in die Konzentrationslager weitergeleitet. Das Hotel wurde 1945 durch Bomben zerstört. Die Stirnseite des Leopold-Figl-Hofs weist ein Steinrelief auf, das Galgen und Fallbeil zwischen den Bildern gemarterter und verfolgter Menschen darstellt. Auf der Rückseite des Gebäudes in der Salztorgasse befindet sich eine **Gedenkstätte für die österreichischen Widerstandskämpfer.** Gegenüber der Hausfront wurde 1985 ein von Leopold Grausam entworfenes **Denkmal für die Opfer des Faschismus** inmitten einer Grünfläche errichtet (siehe Spaziergang 1, Seite 19).

Wir überqueren nun den Franz-Josefs-Kai, der 1857 anstelle der Stadtmauern erbaut wurde, und gelangen zur **Freda-Meissner-Blau-Promenade.** Dieser Fußweg wurde nach Freda Meissner-Blau benannt, die insbesondere für ihr Engagement in der Ökologie- und Anti-Atom-Bewegung bekannt war. Er führt am Donaukanalufer zwischen Marienbrücke und Augartenbrücke entlang. Bei der Salztorbrücke befindet sich die Anlegestelle des **Nationalparkboots Lobau;** weiter Richtung Norden, auf der Höhe der U-Bahn-Station Schottenring, kommen wir an der ehemaligen, denkmalgeschützten **Kaiserbadschleuse** vorbei. Sie wurde mit dem Bau von zwei Brücken erschlossen und begrünt, um der Öffentlichkeit einen neuen, immerhin 1500 Quadratmeter großen Erholungsraum zu bieten. Die 5 **„Schwimmenden Gärten"** wurden im Herbst 2020 eröffnet. Auf der gegenüberliegenden Seite des Donaukanals befindet sich das im Zuge der Donaukanalregulierung nach Plänen von Otto Wagner errichtete **Schützenhaus,** in dem heute ein Restaurant untergebracht ist.

Wir gehen den Donaukanal weiter entlang, bis wir bei der 6 **U-Bahn-Station Roßauer Lände 6** angelangt sind. Diese wurde 1901 für die Donaukanallinie der Wiener Dampfstadtbahn errichtet und von Otto Wagner gestaltet. Das

Otto Wagner Schützenhaus

Stationsgebäude am Ausgang Grünentorgasse, eine grimassierende Maske mit Weinblättern am Stiegenabgangsfenster Richtung Donaukanal sowie Dekorelemente im Eingangsbereich tragen eindeutig die Handschrift des berühmten Jugendstil-Architekten.

Bevor wir links in die **Seegasse** biegen, werfen wir einen Blick auf die andere Seite des Donaukanals. Eine Fußgängerbrücke namens **Nixdorf-Steg** führt in den 2. Wiener Gemeindebezirk Leopoldstadt, der lange Zeit als der jüdischeste Bezirk Wiens galt.

Wir befinden uns nun im ehemaligen Wiener Vorort Rossau. Wir gehen die Seegasse entlang, bis wir beim ältesten erhaltenen 7 **jüdischen Friedhof** Wiens angelangt sind, der bis 1943 unverändert blieb. Das Gründungsdatum der Grabstätte ist nicht nachweisbar, als Anhaltspunkt dient ein Grabstein, der auf das Jahr 1582 zurückgeht. Mitglieder der Familien Arnstein, Eskeles, Königswarter, Leidesdorf, Oppenheimer und Wertheimstein haben hier ihre letzte Ruhe gefunden.

Zum Zeitpunkt der zweiten Gesera im Jahre 1670 sollte der Friedhof zerstört werden, konnte aber gegen Bezahlung von 4000 Gulden „auf ewige Zeiten" bewahrt werden. Im 18. Jahrhundert wurde neben dem Friedhof ein Versorgungshaus errichtet, das später den Armen und Siechen bereitgestellt wurde, heute steht hier ein jüdisches Seniorenheim. 1783 ordnete Kaiser Joseph II. die Auflassung aller Friedhöfe innerhalb des Linienwalls – des heutigen Gürtels – an. Der jüdische Friedhof in der Seegasse wurde daraufhin stillgelegt und der Natur überlassen. Ein Hofdekret versprach jedoch, die Anlage zu erhalten und zu schützen.

1941 wurde die Auflösung sämtlicher jüdischen Friedhöfe Wiens beschlossen. Zwischen 1943 und 1944 wurden etliche Grabsteine zerstört oder für kriegswirtschaftliche Zwecke und als Baumaterial verwendet. Dem Einsatz jüdischer Gemeindemitglieder ist es zu verdanken, dass Grabsteine und Gebeine unter einem Erdhügel am Zentralfriedhof versteckt wurden, in den frühen Achtzigerjahren

DIE LEOPOLDSTADT ODER MAZZESINSEL

1624 verbannte Kaiser Ferdinand II. die jüdischen Wiener aus der Stadt und wies ihnen den Unteren Werd jenseits des Donaukanals als Wohngebiet zu, das aufgrund seiner Lage inmitten der Donauarme vom Volksmund bald als Mazzesinsel bezeichnet wurde.

Mit dem Regierungsantritt von Kaiser Ferdinand III. stellten sich erneut Schwierigkeiten ein: Die Wiener Bürgerschaft trat für die definitive Ausweisung der Juden ein und machte sie ständig für unliebsame Vorkommnisse in der Stadt verantwortlich. Das antisemitische Klima spitzte sich immer mehr zu, bis Kaiser Leopold I. auf Drängen seiner streng katholischen Gattin Margarita Teresa 1669 den Beschluss fasste, alle Juden auszuweisen. Über 1600 Menschen mussten die Stadt verlassen, Anfang August 1670 war kein einziger Jude mehr in Wien. Viele Vertriebene fanden im Gebiet des heutigen Burgenlandes Aufnahme und standen unter dem Schutz der ungarischen Magnatenfamilie Esterházy. Die Vertreibung der Juden war allerdings nicht von langer Dauer, da der Ausfall der Judensteuern, der Rückgang der Mautgelder, Fleischsteuern und anderer Einnahmen sowie der Wegfall von Mietzinsen sich schnell bemerkbar machten. Den nach wie vor einflussreichen Hofjuden Samuel Oppenheimer und Samson Wertheimer gelang es gegen Ende des 17. Jahrhunderts, die neuerliche Ansiedlung von Juden in Wien durchzusetzen. Allen Repressionen zum Trotz kehrten Juden immer wieder auf diesen für Handel und Gewerbe günstig gelegenen Standort zurück. Bis zum Holocaust machte die jüdische Bevölkerung einen beträchtlichen Teil der Einwohner des 2. Bezirks aus.

Infolge der Reichspogromnacht im November 1938 wurden in Wien mehr als 90 Synagogen und Bethäuser in Brand gesteckt und verwüstet, Tausende jüdische Geschäfte und Wohnungen geplündert, zerstört und beschlagnahmt. Aus diesem Grund sind nur wenige historische Spuren jüdischen Lebens in diesem Stadtteil erhalten geblieben.

Sprechender Fisch

wurden sie in die Seegasse zurückgebracht. Ein maßstabgetreuer Plan aus dem Jahr 1917 und der vorhandene Baumbestand dienten der Rekonstruktion der historischen Grabstätte, die somit in den Originalzustand vor dem Zweiten Weltkrieg versetzt werden konnte. Auf dem Friedhof, der heute von der Israelitischen Kultusgemeinde verwaltet wird, können derzeit rund 350 erhaltene Grabdenkmäler besichtigt werden, besondere Aufmerksamkeit verdient eine allein stehende Fischskulptur aus Kalkstein, von der angenommen wird, dass es sich um den Wasserspeier eines Brunnens für rituelle Handwaschungen handelt. Bemerkenswert sind auch die Steine, die auf die Grabsteine gelegt wurden. Sie sollen die Lebenden an die Bibelstelle „Im Schweiße deines Angesichts wirst du Brot essen, bis du zurückkehrst zum Erdboden, denn von ihm bist du genommen. Denn Staub bist du, und zum Staub wirst du zurückkehren!" erinnern.

Weiter geht es zur letzten Station unseres Spaziergangs, dem 8 **Sigmund-Freud-Haus und -Museum,** das sich an der legendären Adresse **Berggasse 19** befindet. Sobald wir den Friedhof verlassen haben, gehen wir die Seegasse bis zur Porzellangasse vor, biegen links ab und kommen zur Berggasse, in die wir rechts einbiegen. Auf Nr. 19 sind wir am Geburtsort der Psychoanalyse angelangt.

In diesem Haus aus der Wiener Hochgründerzeit lebte und arbeitete Freud von 1891 bis 1938. Im Laufe der Jahre entwickelte es sich zum Zentrum der Psychoanalyse, wo die „Psychologische Mittwochsgesellschaft" tagte und die Wiener Psychoanalytische Vereinigung ihren Sitz hatte. Nach dem Anschluss 1938 zögerte Freud, Wien zu verlassen, erst nach der kurzfristigen Verhaftung seiner Tochter Anna von der Gestapo beschloss er, mit seiner Familie nach London auszuwandern. Da Freud die Genehmigung erhielt, sein Hab und Gut mitzunehmen, engagierte ein enger und visionärer Freund der Familie einen Fotografen, um Freuds Wohnung und Ordination noch vor dem Umzug zu fotografieren bzw. genau zu dokumentieren, damit später ein Museum geschaffen werden könne. Seine Tochter Anna hatte auch die berühmte Couch nach London mitgenommen, wo sie heute im Londoner Sigmund-Freud-Museum bewundert werden kann.

Das Museum wurde 1971 gegründet und 2020 nach umfangreichen Renovierungs- und Erweiterungsarbeiten wieder geöffnet. Alle Privaträume der Familie sind jetzt zugänglich, unter anderem sind hier Originalmöbel, Gebrauchsgegenstände und Antiken aus Freuds Besitz zu sehen. Das Museum bietet neue Dauerausstellungen, die dem Besucher sowohl die Entwicklung der Psychoanalyse als auch das Familienleben der Freuds näherbringen sollen. Im Museum sind heute der Sitz der Sigmund-Freud-Gesellschaft, eine Bibliothek und ein Archiv sowie die Anna-Freud-Gedenkräume untergebracht. Wir gehen die Berggasse hinauf und gelangen links zur Haltestelle Schottentor U-Bahn U2.

Jüdischer Friedhof

תפד"ל
ששון בבחו נתעלה

7

START: Praterstern, Riesenrad, 1020 Wien
ZIEL: Wallfahrtskirche Maria Grün, Aspernallee 1, 1020 Wien
LÄNGE: ca. 7 Kilometer
DAUER: ca. 4 bis 4,5 Stunden
ÖPNV: Haltestelle Praterstern; Rückkehr zum Ausgangspunkt ab Haltestelle Aspernallee/Schule
PARKEN: Parkplatz, Franzensbrückenstraße 4, 1020 Wien

UNTERWEGS ENTDECKT

1. Kaiserwiese
2. Wiener Riesenrad
3. Liliputbahn
4. Meierei
5. Hochschaubahn
6. Toboggan
7. Konstantinteich
8. Jesuitenwiese
9. Heustadlwasser
10. Lusthaus
11. Reitverein Freudenau
12. Wallfahrtskirche Maria Grün

ESSEN + TRINKEN

Altes Jägerhaus, Freudenau 255, 1020 Wien,
Tel. +43 1/7 28 95 77, altes-jaegerhaus.at
Der gemütliche Schanigarten und die ausgezeichnete Küche laden zum Verweilen ein.

DER PRATER

Vom kaiserlichen Jagdrevier zum Erholungsgebiet

Der Prater ist eines der beliebtesten Naherholungsgebiete Wiens und dank seiner guten Anbindung an die öffentlichen Verkehrsmittel für jeden Wiener gut erreichbar. Das etwa 600 Hektar große Areal diente bis Ende des 18. Jahrhunderts den Habsburgern als kaiserliches Jagdrevier. Kaiser Joseph II. ließ das Gebiet 1766 für die Bevölkerung öffnen und erteilte sogar die Erlaubnis, Buden und Ringelspiele aufzustellen, was im Laufe der Zeit die Entstehung eines Vergnügungsparks im stadtnahen Teil des Geländes zur Folge hatte. Dieser vergleichsweise kleine Teil des Praters wird nach dem Hanswurst als Wurstelprater, der übrige Bereich als Grüner Prater bezeichnet. Heute kann man im Prater eine bunte Vielfalt an sportlichen Aktivitäten wie Laufen, Radfahren, Fußball oder Tennisspielen ausüben. Im Sommer lockt das Stadionbad zu einem erfrischenden Schwimmvergnügen. Der hintere Teil des Praters, die Freudenau, ist vor allem dem Reitsport gewidmet. Die Wiener sagen übrigens Wurschtlprater zu ihrem Vergnügungspark.

Basilio Calafati

Wir beginnen unseren Spaziergang auf der 1 **Kaiserwiese,** wo 1895 der Vergnügungspark Venedig in Wien entstanden ist. Er war sogar mit einem ungefähr 1 Kilometer langen Kanal ausgestattet, der sich an Nachbauten der historischen venezianischen Palazzi vorbeischlängelte. Der Themenpark erstreckte sich über eine Gesamtfläche von 50.000 Quadratmeter. Waschechte venezianische Gondolieri luden zu einer Gondelfahrt, was massenhaft Menschen aller Gesellschaftsschichten in den Prater zog. „Heut Abend gemma nach Venedig" war damals ein gängiger Spruch.

Wir gehen nach rechts zum Oswald-Thomas-Platz, wo ein Gebäude aus den Sechzigerjahren, das Zeiss **Planetarium** der Stadt Wien, steht. Es ist an seiner hellgrünen Kuppel mit einem Durchmesser von 23,5 Metern auch aus der Ferne leicht erkennbar. Hier wurde

7 DER PRATER

Wiener Riesenrad

Liliputbahn

auch das **Pratermuseum** untergebracht, in dem die Geschichte des Praters anschaulich präsentiert wird. Neben historischen Ringelspielfiguren gibt es einen Wahrsageautomaten, eine Bauchrednerpuppe und vieles mehr.

Wir gehen zurück und gelangen zum Riesenrad-Platz, wo eine große Statue die Besucher empfängt. Diese 1967 entstandene Nachbildung aus Kunststein erinnert an einen der bekanntesten Ringelspielbetreiber des Wiener Praters, den griechischstämmigen Basilio Calafati, der in der Mitte seines Fahrgeschäfts eine 9 Meter hohe Chinesen-Figur – den **„Großen Chineser" –** montiert hatte.

Rechts steht das **2 Wiener Riesenrad,** eines der Wahrzeichen Wiens, das 1897 von den englischen Ingenieuren Walter Basset und Harry Hitchins anlässlich des 50. Thronjubiläums von Kaiser Franz Joseph (1898) errichtet wurde. Mit einer Höhe von 64,75 Metern bietet es einen grandiosen Rundblick über Wien. Das Riesenrad wurde im Laufe seines Bestehens immer wieder als Filmkulisse genutzt. Die spektakulärste Aktion bot die Zirkusdirektorin Solange d'Atalide. Diese hervorragende Reiterin drehte hoch zu Ross eine Runde auf dem Dach eines Waggons. Sie bestand jedoch darauf, dass das Pferd zur Gewöhnung vier Runden alleine machen sollte, bevor sie für diese waghalsige Szene bereit war. Eine weitere höchst sensationelle Filmszene lieferten die Brüder Maningo, die ohne jede Sicherung auf dem Dach eines Waggons einen Doppelhandstand ausübten. Während des Zweiten

Weltkriegs wurden die Fahrgeschäfte des Wurstelpraters ein Raub der Flammen. Auch das Riesenrad brannte bis auf sein Stahlgerüst herunter. Beim Wiederaufbau wurde das Panoramarad aus Sicherheitsgründen nur mit 15 Waggons ausgestattet, ursprünglich waren es 30.

Auf der Rückseite des Riesenrads gehen wir rechts den Antifaschismusplatz entlang, bis wir zur Prater Hauptallee gelangen. Wir biegen links ab und kommen zur Haltestelle Prater-Hauptbahnhof der 3 **Liliputbahn,** die einen 3,9 Kilometer langen Rundkurs durch den Prater fährt. Die schmalspurige Parkeisenbahn wurde 1928 in Betrieb genommen und ist nach wie vor ein Publikumsmagnet. Die **Hauptallee** ist auf beiden Seiten von Kastanienbäumen gesäumt, die im Frühjahr während der Blüte ein wunderschönes Bild abge-

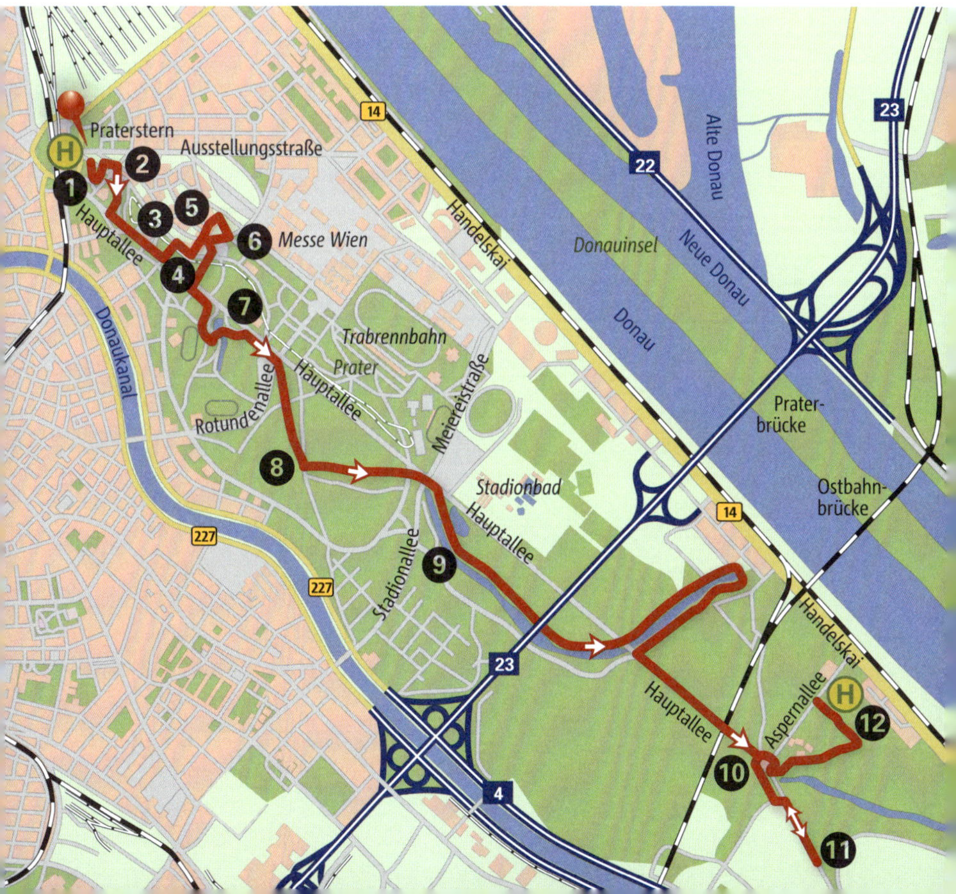

ben, im Sommer willkommenen Schatten spenden und im Herbst den Boden mit Kastanien übersäen.

Wir gehen weiter, bis wir auf der linken Seite auf einen Pavillon stoßen, der 1873 anlässlich der Weltausstellung als „American Bar" errichtet wurde. Bald danach wurde daraus eine Bierhalle, dann wurde das Gebäude 1924 von der Wiener Molkerei übernommen und zu einem Milchkurpavillon umgewidmet. Heute ist das Café Restaurant 4 **Meierei** im Prater seit mehreren Generationen ein Familienbetrieb und mit seiner gemütlichen Terrasse eine sehr geschätzte Raststätte.

Links von der Meierei überqueren wir die Gleise der Liliputbahn und gelangen zur 5 **Hochschaubahn,** die wegen der entlang der Strecke aufgestellten Gartenzwerge auch als Zwergerlbahn bezeichnet wird. Das Alpenpanorama mit dem Großglockner und Heiligenblut bildet eine ansprechende Kulisse, es gibt sogar einen Wasserfall, unter dem die Bahn durchfährt. Das Vorgängermodell von 1909, das wäh-

Prater Hauptallee

Hochschaubahn

rend der Kriegsjahre abgebrannt ist, war ebenso wie die neue Hochschaubahn Schauplatz verschiedener Filme.

Weiter geht es den Eduard-Lang-Weg entlang, bis wir beim Schweizerhaus angekommen sind, das vor allem wegen seiner Stelzen bekannt ist. Der Name der traditionsreichen Gaststätte soll sich von der einstigen Schweizer Hütte ableiten, die bereits 1766 erwähnt wurde. 1920 erwarb der 19-jährige Fleischermeister Karl Kolarik das Gasthaus, das bis zum heutigen Tag von derselben Familie betrieben wird. Der 3200 Quadratmeter große Außenbereich mit den Schatten spendenden Kastanienbäumen gehört zu den beliebtesten Biergärten Wiens.

In Österreich wird ein Eisbein als Schweinsstelze oder kurz Stelze bezeichnet.

Wir folgen nun dem Karl-Kolarik-Weg bis zum 6 **Toboggan,** der 1913 mit dem Namen Teufels Rutsch eröffnet wurde und heute unter Denkmalschutz steht. Das Vergnügen, die über 100 Meter lange Holzrutsche auf einem Jutesack hinunterzurutschen, erfordert ein wenig Anstrengung, da man den Holzturm mit seinen 100 Stufen zunächst er-

Toboggan

klimmen muss. Der Toboggan erlitt während des Zweiten Weltkriegs dasselbe Schicksal wie alle anderen Fahrgeschäfte des Wurstelpraters, die allesamt niederbrannten.

Wir gehen zurück zur Hauptallee bis zum 7 **Konstantinteich,** der einst für Bootsfahrten genutzt wurde und hinter dem sich der gleichnamige Hügel befindet. Für die Weltausstellung 1873 wurde in der Mitte des 2,3 Millionen Quadratmeter großen Geländes die 84 Meter hohe Rotunde errichtet, die 1937 einem Brand zum Opfer fiel. Aus dem Aushub entstand ein 7 Meter hoher Hügel, der nach dem Obersthofmeister Konstantin zu Hohenlohe-Schillingsfürst – einem der Bauleiter der Rotunde – benannt wurde. Wir gehen rechts um den Teich herum und überqueren den denkmalgeschützten Konstantinsteg, der noch auf die Zeit der Weltausstellung zurückgeht. Wir besteigen den Hügel, auf dem das 1871 gegründete Café Restaurant Konstantinhügel stand, das 1977 durch einen Brandanschlag vernichtet wurde.

Wir gehen wieder hinunter zur Hauptallee und weiter bis zur Rotundenallee, die uns zur 8 **Jesuitenwiese** führt. Der großzügig angelegte Kinderspielplatz „Prater Ranch" lockt zahlreiche Familien auf die 112.000 Quadratmeter große Wiese. Im Winter sorgt der Hügel, der aus Trümmern zerbombter Häuser aufgehäuft wurde, für ausgelassenen Rodelspaß. Die Wiese gehörte bis 1773 dem Jesuitenorden, nach dessen Auflösung diente sie der Wiener Garnison als Exerziergelände. Seit dem Jahr 1947 findet hier an jedem ersten Septemberwochenende das Volksstimmefest der KPÖ (Kommunistische Partei Österreichs) statt. Die Jesuitenwiese grenzt an Wiens größte **Hundezone** mit einer riesigen Fläche von fast 300.000 Quadratmeter. Auf dem naturbelassenen, nicht eingezäunten Gelände können sich die Hunde so richtig austoben. Auf Höhe der Stadionallee sind wir ungefähr bei der Hälfte der insgesamt 4,5 Kilometer langen Prater Hauptallee angelangt. Auf der linken Seite steht das **Ernst-Happel-Stadion,** das nach dem bekannten Fußballer und Trainer benannt wurde. Es ist das größte Stadion Österreichs mit einem Fassungsvermögen von 50.000 Zu-

Lusthaus

schauern, wo, abgesehen von Fußballspielen, auch Konzerte stattfinden.

Gleich daneben befindet sich eines der größten Sport- und Freizeitbäder Wiens, das **Stadionbad.** Die Gesamtfläche des 1931 eröffneten Schwimmbades umfasst rund 130.000 Quadratmeter und wird auch für Wettkampfzwecke genutzt.

Wir überqueren die Hauptallee und gelangen zum 9 **Heustadlwasser,** wo wir auf der linken Seite entlanggehen. Einst gab es unweit von hier einen Heustadel – eine Scheune zur Aufbewahrung von Heu für die Rotwildfütterung –, von dem sich der Name des Gewässers ableitet. Bis vor wenigen Jahren konnte man mit Tretbooten das Obere Heustadlwasser befahren, das vom Unteren Heustadlwasser durch die Hauptallee getrennt ist. Der Weg am Unteren Heustadlwasser entlang führt durch ein Waldstück, bis am anderen Ende beiderseits des Wassers kleine Siedlungen auftauchen. Solchen Kleingartenvereinen begegnet man an vielen Stellen Wiens. Wenn der Wiener sagt „Am Wochenend' bin i im Garten", so bedeutet das oft, dass er die Stadt gar nicht erst verlässt, sondern vielmehr einer der glücklichen Nutznießer eines Schrebergartens ist. Oberstes Gebot ist der Erholungswert, und so gibt es strenge Verordnungen wie Sonntagsruhe oder Mähzeiten, an die man sich tunlichst halten sollte, will man mit den Kleinhäuslern gut auskommen. Wir umrunden das **Untere Heustadlwasser** und biegen in die Hauptallee links ein, bis wir zum 10 **Lusthaus** gelangen. Schon im 16. Jahrhundert befand sich hier ein kaiserliches Jagdhaus, die „casa verde". 1783 errichtete der Architekt Isidor Canevale das Lusthaus, das im 19. Jahrhundert ein beliebter Treffpunkt von Adel und Bürgertum war und heute Sitz eines gediegenen Café-Restaurants ist.

Auf der linken Seite des Platzes lockt das **Jägerhaus,** das ehemalige Gesinde- und Stallungshaus des Kaisers, mit einem gemütlichen Schanigarten und gehobener Küche.

Die Rennbahnstraße ist die Verlängerung der Hauptallee und führt uns vorbei am **Golf Club Wien** bis zu den Stallungen des 11 **Reitvereins Freudenau.** Die **Galopprennbahn Freudenau** wurde 1839 eröffnet. Ihre Tribünen wurden 1858 in Anwesenheit Kaiser Franz Josephs eingeweiht, das gesamte Bauwerk steht unter Denkmalschutz. Das Gustostückerl ist die Hof-Tribüne, die aus einer Loge für den Kaiser und zwei Seitenlogen bestand. Die Kaiserloge kann heute für Veranstaltungen gemietet werden.

Wallfahrtskirche Maria Grün

Wir gehen wieder zurück zum **Lusthauswasser,** über die große Wiese am Kinderspielplatz vorbei und biegen rechts in die Schwarzenstockallee ein, die uns mitten durch den Wald führt. An ihrem Ende angelangt, biegen wir links ab und folgen dem Weg, der uns direkt zu einer kleinen Waldkirche führt. Schon im ausgehenden 19. Jahrhundert war dieser Platz als Andachtsort genutzt worden, bis 1924 die 12 **Wallfahrtskirche Maria Grün** errichtet wurde. Rechts neben der Kirche steht eine kleine Kapelle mit einem Gemälde, das Maria mit dem Jesuskind in den Praterauen darstellt. Wenn wir um die Kirche herumgehen, gelangen wir zum Kreuzweg, in die ein Aids-Memorial eingebunden ist. Dank Pater Clemens Kriz ist Maria Grün seit dem Jahr 2000 Sitz der Aids-Seelsorge. Wir gehen nun zur Aspernallee, wo sich eine Bushaltestelle der Linie 77A befindet.

8

START/ZIEL: U-Bahn-Station Seestadt Aspern, 1220 Wien
LÄNGE: ca. 5 Kilometer
DAUER: ca. 2 Stunden
ÖPNV: Haltestelle Seestadt Aspern
PARKEN: Seestadt Aspern P2, Agnes-Primocic-Gasse 4, 1220 Wien

UNTERWEGS ENTDECKT

1. Seepier
2. Yella-Hertzka-Park
3. Hannah-Arendt-Platz
4. Maria-Trapp-Platz
5. Sonnenallee
6. Simone-de-Beauvoir-Platz
7. Janis-Joplin-Promenade
8. Hoho
9. Technologiezentrum
10. Gedenkwald

ESSEN + TRINKEN

See22 – Restaurant & Café Bar, Hannah-Arendt-Platz 1, 1220 Wien, Tel. +43 1/9 54 85 55, see22.at
In gemütlicher Atmosphäre kann man hier gut und günstig essen.

tschau tschau in der Seestadt, Janis-Joplin-Promenade 26, 1220 Wien, tschau.at
Das direkt am See gelegene Lokal lässt Ferienstimmung aufkommen. Nur im Sommer geöffnet!

DIE SEESTADT ASPERN

Pulsierender Mikrokosmos in Transdanubien

Kiel ist die Stadt des Meeresschutzes. Im neuen Geomar und in Gebäuden ringsum arbeiten Wissenschaft und Wirtschaft dafür eng zusammen. Viele Menschen suchen nach Möglichkeiten, die Erwärmung der Welt durch den Klimawandel abzubremsen. Was hier gedacht, erforscht und getestet wird, kann für die Menschheit noch eminent bedeutend werden. Bei unserem Spaziergang auf dem ehemaligen Gelände des Seefischmarktes kommen wir dem Leben mit dem Meer auf vielfältige Weise nah – wir erleben Vergangenheit, Gegenwart und Zukunft.

Startpunkt ist die U-Bahn-Haltestelle Seestadt Aspern. Wir wählen den Ausgang „Promenade“, damit wir den rund um den Asperner See führenden ❶ **Seepier** entlanggehen können, um uns ein erstes Bild von Wiens jüngstem Stadtteil zu machen. Der etwa 5,4 Hektar große grundwassergespeiste See wurde ab 2010 noch vor Beginn der Bauarbeiten als Mittelpunkt der zukünftigen Seestadt angelegt.

Sobald wir am Nordufer des Sees angelangt sind, erblicken wir nicht nur die Skyline des bereits bestehenden Seeparkquartiers, sondern auch die Silhouette Wiens im Hintergrund. Auf der Nordseite des Sees entstehen derzeit die Quartiere „Am Seebogen“ und „Seeterrassen“, mit deren Fertigstellung 2028 gerechnet wird.

Sobald wir eine halbe Runde um den See gegangen sind, sind wir wieder am Südufer und somit beim bereits bebauten Stadtteil angekommen. Vor uns liegt der ❷ **Yella-Hertzka-Park,** der nach der Gründerin der ersten höheren Gartenbauschule für Mädchen benannt wurde. Bei der Durchquerung der Grünanlage fällt uns zunächst der originell gestaltete Springbrunnen auf. An warmen Tagen kann man sich inmitten der Steine und Fontänen bestens erfrischen. Die zahlreichen Sitzgelegenheiten,

Seepier

DAS FLUGFELD ASPERN

Auf dem Gelände der Seestadt Aspern entstand 1912 der damals größte Flughafen Österreichs. Bei einer Luftfahrtschau im Jahr 1914 wurden hier mit einem Doppeldecker Höhenweltrekorde mit Flügen bis auf 5440 Meter erzielt. Mit Beginn des Ersten Weltkrieges wurde die Zivilluftfahrt eingestellt, der Flugplatz diente militärischen Zwecken. Zwischen 1938 und 1945 wurde er von der Wehrmacht als Luftwaffenstützpunkt genutzt.

Ein besonderes Kapitel der friedlichen Luftfahrt des Flugfelds Aspern schrieben die Zeppelin-Besuche: Gleich dreimal – 1913, 1929 und 1939 – waren die eindrucksvollen Luftschiffe hier vor Anker gegangen und zogen die gesamte Bevölkerung in ihren Bann.

Nach der Besatzungszeit wurde es bis zu seiner Schließung im Jahr 1977 als Standort von Sportfliegerclubs, aber auch als Autorennbahn und später als Verkehrsübungsplatz verwendet. Erst als Mitte der Neunzigerjahre feststand, dass Wien neuen Wohnraum schaffen müsse, um den Bedürfnissen der stetig wachsenden Bevölkerung gerecht zu werden, wurde beschlossen, das inzwischen zum Niemandsland heruntergekommene Flugfeld in einen neuen Stadtteil zu verwandeln.

Freizeiteinrichtungen und der Kinderspielplatz sorgen für Entspannung und Vergnügen.

Wir gehen den Park entlang, bis wir bei der Schenk-Danzinger-Gasse angelangt sind. Wir biegen links in diese Gasse ein, überqueren die Ilse-Arlt-Straße und gehen geradeaus weiter bis zum 3 **Hannah-Arendt-Platz.** Wir gehen am gleichnamigen Park vorbei, überqueren die Frenkel-Brunswik-Gasse und gelangen zum 4 **Maria-Trapp-Platz,** wo sich linker Hand das **Bundesschulzentrum** befindet. Der Schulkomplex punktet mit einer innovativen Raumgestaltung, hoher Energieeffizienz und nachhaltiger Bauweise. Er wurde 2018 mit einem Architekturpreis sowie mit der Auszeichnung „ÖGNB Gold" von der Österreichischen Gesellschaft für Nachhaltiges Bau-

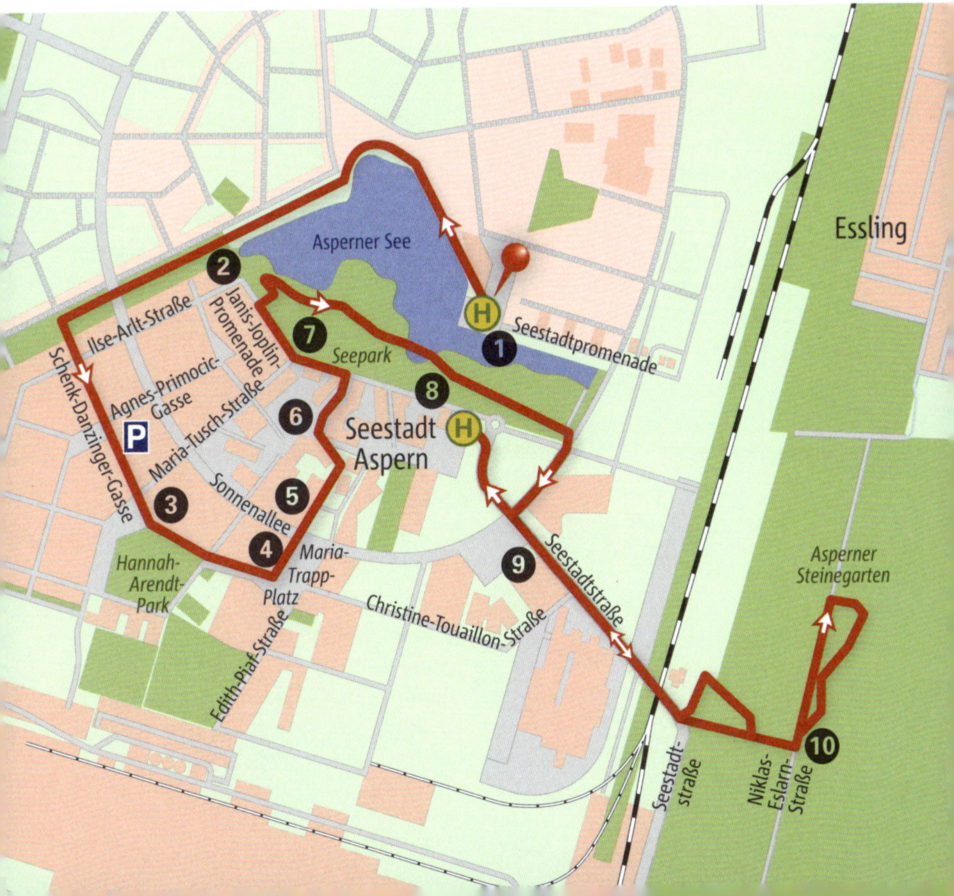

Skyline

Janis-Joplin-Promenade 14

en belohnt. Besonderes Augenmerk gilt der hervorragend ausgeklügelten Haustechnik: Über eine Betonkernaktivierung der Geschossdecken kann die Schule an heißen Tagen energieeffizient temperiert werden. Zudem sorgt eine kontrollierte Lüftung für eine ausgezeichnete Luftqualität in den einzelnen Räumen.

Weiter geht es zur 5 **Sonnenallee,** die wir überqueren, um zur **Leila-Lombardi-Gasse** zu gelangen. Die Sonnenallee ist die „Ringstraße" der Seestadt, bisher ist

Janis-Joplin-Promenade

sie nur im südlichen Bereich vollendet. Sie wurde als Hauptboulevard konzipiert, der die einzelnen Stadtquartiere miteinander verbindet und die Bevölkerung zum Flanieren einlädt. Die Leila-Lombardi-Gasse führt uns zum 6 **Simone-de-Beauvoir-Platz,** wir halten uns links und biegen in die Anna-Bastel-Gasse ab. Nun geht es immer geradeaus weiter, bis wir die 7 **Janis-Joplin-Promenade** erreichen. An dieser Stelle möchten wir auf eine bemerkenswerte Tatsache aufmerksam machen: Da nach Frauen benannte Straßen in Wien stark unterrepräsentiert sind, wurde der Trend seit ein paar Jahren umgekehrt, und so haben die Straßen, Plätze und Parks in der Seestadt fast ausschließlich Namenspatroninnen aus der ganzen Welt.

In diesem Bereich verkehren zwei autonome E-Busse, die für eine bequeme Verbindung der U-Bahn-Station mit den westlich gelegenen Stadtteilen sorgen.

Wir biegen links in die Janis-Joplin-Promenade ab und gehen an der Häuserfront entlang bis zur **Buchhandlung Seeseite,** die immerhin als eine der besten Buchhandlungen Österreichs gilt! Anschließend überqueren wir die Janis-Joplin-Promenade und gelangen in den **Seepark.** Wir biegen rechts in den zentralen Weg ein, der die gesamte Anlage bis zur U-Bahn-Station durchquert. Wenn wir den **Seeparksteg** erreicht haben, sind wir auf der Höhe des 8 **HoHo** angelangt, das mit 24 Geschossen und 84 Metern Höhe das zweithöchste Holzhochhaus der Welt ist. Es wurde 2019 fertiggestellt. Neben Büros sind darin ein Hotel, ein Wellnessbereich, Restaurants und Wohnungen untergebracht. Ab dem Erdgeschoss beträgt der äußere Holzanteil etwa 75 Prozent, in den Innenräumen bestehen die Decken und Wände aus Fichtenholz. Auffallend sind die höhengestaffelte Silhouette und die Fassade, die der Struktur einer Baumrinde nachempfunden wurde. Dank der flexiblen Grundrissgliederung besteht die Möglichkeit, die Flächennutzung zu verändern und an neue Be-

Ilse-Arlt-Straße/Ecke Schenk-Danzinger-Gasse

dürfnisse anzupassen. Erwähnenswert sind auch die Aufzüge mit Energierückgewinnung, die Photovoltaik-Anlagen sowie das dezentrale Lüftungssystem.

Die U-Bahn-Linie 2 wurde bereits vor Baubeginn der Seestadt bis Aspern verlängert. Sehenswert ist übrigens auch die Station Aspern Nord, wo zwei riesige Wandbilder des bayerischen Künstlers Stephan Huber bestaunt werden können. Sie erzählen die Geschichte Asperns.

Wir durchqueren jetzt die U-Bahn-Station und gehen immer geradeaus, bis wir zur Sonnenallee kommen. Wir biegen rechts ab, gehen die Sonnenallee entlang bis zur Seestadtstraße, in die wir links einbiegen. Dann geht es geradeaus weiter bis zur Ecke Seestadtstraße/Christine-Touaillon-Straße. Hier steht das 9 **Technologiezentrum,** ein weiteres Paradegebäude der Seestadt, mit dessen Bau bereits 2012 begonnen wurde. Hier haben sich zahlreiche Unternehmen aus dem innovativen Technologiebereich angesiedelt, als Beispiel sei das bemerkenswerte Smart-City-Projekt ASCR (Aspern Smart City Research) genannt. Dieses Unternehmen arbeitet an Lösungen für die Energiezukunft im urbanen Raum und ist damit Europas größtes und innovativstes Energieforschungsprojekt.

Der neue Wirtschaftsstandort erfreut sich vor allem bei jungen Start-up-Unternehmen großer Beliebtheit, weil er viele Vorteile bietet: Die Mieten sind kostengünstiger als in anderen Bezirken, auf Flexibilität wird großer Wert gelegt, die Betriebskosten sind niedrig, weil das Plus-Energie-Gebäude mehr Strom erzeugt, als es verbraucht, und, last but not least, ist er insbesondere mit der U-Bahn leicht und schnell erreichbar.

Nun gehen wir die Seestadtstraße weiter stadtauswärts, bis wir linker Hand bei einer Abzweigung einbiegen. Wir kommen zum letzten erhaltenen Teil der ehemaligen Landebahn des Flugfelds Aspern, die über zwei Holzstege mit der Lichtung im Gedenkwald verbunden ist. Wir nehmen den rechten Holzsteg, der uns zum 10 **Gedenkwald** führt. In den Holzsteg sind Metalltafeln eingelassen, auf denen die Geschichte des Erinnerungsortes und der antisemitischen Gewalt in Wien zwischen 1938 und 1945 erzählt wird.

Ein zweiter Holzsteg, der vom Gedenkwald Richtung Seestadt führt, hat das Flugfeld Aspern, die Entwicklung der Luftfahrt sowie die Entstehung der Seestadt Aspern zum Thema.

Die Schaffung des Gedenkwaldes geht auf eine Initiative des Bundes sozialdemokratischer Juden zurück. Sie stellt nicht nur eine symbolische Geste der Erinnerung dar, sondern erfüllt auch eine ökologische Funktion, da die

Kinderspielplatz in Seeufernähe

Entstehung eines Waldes auf dem etwa 7 Hektar großen steppenartigen Gelände zur Verbesserung des Wiener Klimas beitragen soll. Am 9. April 1987 begannen 400 Wiener Schülerinnen und Schüler, insgesamt 65.000 Bäume im Gedenken an die 65.000 von den Nationalsozialisten ermordeten österreichischen Juden und Jüdinnen zu pflanzen. Seit der Entstehung der Seestadt Aspern ist der Gedenkwald plötzlich in unmittelbare Nähe eines urbanen Zentrums gerückt; diesem Umstand wurde durch Schaffung von Zugängen Rechnung getragen.

Der italienische Mathematiker Leonardo Fibonacci erkannte, dass das Konzept des Lebens einem gesetzmäßigen Ablauf – der Spirale des goldenen Schnittes – entspricht.

Bevor wir über den zweiten Holzsteg zur U-Bahn-Station zurückkehren, lohnt sich ein Abstecher zum **Asperner Steinegarten,** den wir über die Niklas-Eslarn-Straße erreichen. Dieser Garten wurde zu Ehren des 2014 verstorbenen Professors Wolfgang Holzner vom Forst- und Landwirtschaftsbetrieb der Stadt Wien zusammen mit Kollegen der Universität für Bodenkultur angelegt. Es wurde ganz bewusst ein nicht besonders geschützter Ort gewählt. Als Gestaltung wurden aus dem Waldviertel stammende Granitblöcke in Form der Fibonacci-Spirale gesetzt. Sie waren von Privatpersonen im Rahmen eines Workshops mit dem japanischen Künstler Masahiro Moriguchi bearbeitet worden. Gegenüber der Spirale sind unter Nussbäumen große Sitz-Steinblöcke im Halbkreis angeordnet, sie waren jahrzehntelang Teil der ehemali-

Blick auf die U-Bahn-Station

Gedenkstein im Gedenkwald

Asperner Steinegarten

Asperner Steinegarten

gen, 1976 eingestürzten Wiener Reichsbrücke. Der nährstoffreiche Oberboden wurde gegen Sand getauscht, um Arten zu fördern, die offene Bodenstellen benötigen. Dies hat auch den Vorteil, dass die Steine sichtbar bleiben und der Bereich nicht viel Pflege erfordert. Hier finden nach wie vor Übungen der Universität für Bodenkultur statt, die umgebenden Wiesen werden als Winterfutter für Ziegen am Bisamberg gemäht, die wiederum dazu beitragen, die Trockenrasen-Naturdenkmäler Alte Schanzen in Stammersdorf zu erhalten.

Wir gehen zum Gedenkwald zurück und erreichen die Seestadtstraße über den zweiten Holzsteg. Die Seestadtstraße führt direkt zur U-Bahn-Station Seestadt Aspern.

9

START/ZIEL: Hohe Warte 3, 1190 Wien
LÄNGE: ca. 2,5 Kilometer
DAUER: ca. 2 Stunden
ÖPNV: Haltestelle Hohe Warte
PARKEN: Payuca Garage Stadion Hohe Warte, Püchlgasse 1a, 1190 Wien

UNTERWEGS ENTDECKT

1. Villa Andrassy
2. Setagaya Park
3. Polizeikommissariat Döbling
4. GeoSphere Austria (GSA)
5. Villa Rittershausen
6. Villa Moll II
7. Villa Moll I
8. Villa Mendl
9. Villa Auspitz
10. Villa Kattus
11. Villa Kielmannsegg

ESSEN + TRINKEN

Pfarrwirt, Pfarrplatz 5, 1190 Wien, Tel. +43 1/3 70 73 73, pfarrwirt.com
Das historische Gebäude wurde 1180 als Berghof errichtet, der Pfarrwirt gilt als das älteste Wirtshaus von Wien.

DIE HOHE WARTE

Wo sich Fuchs und Hase Gute Nacht sagen …

Die Hohe Warte ist der letzte Ausläufer des Wienerwaldes. Die Bezeichnung geht auf ein Weingartenried zurück und wurde 1135 erstmals urkundlich erwähnt. Im Laufe des 19. und zu Beginn des 20. Jahrhunderts entstanden hier hochherrschaftliche Villen. Die Hohe Warte ist heute eines der exklusivsten Wohnviertel Wiens.

Villa Andrassy

Der Spaziergang beginnt an einer recht verkehrsreichen Kreuzung, Ecke Ruthgasse – Hohe Warte 3. Das imposante Gebäude war in Gedenken an Franziska Gräfin Andrassy als Waisenhaus für christliche Knaben errichtet worden. Auf Nr. 5 steht die vom Architekten Theophil Hansen geschaffene 1 **Villa Andrassy,** die auf Wunsch der Gräfin in ein Waisenhaus für Mädchen umgebaut wurde. Graf Dénes Andrassy hatte die Bürgerliche Franziska Hablawetz gegen den Widerstand seiner Familie geheiratet und mit ihr 36 Jahre lang ein glückliches Leben geführt. Die Ehe blieb kinderlos, und so setzte sich die Gräfin für Witwen und Waisen ein, ließ Heime und Schulen errichten. Nach ihrem Tod stiftete Graf Andrassy die Villa mit ihrem rund 18.000 Quadratmeter großen Park der Stadt Wien.

Auf der rechten Straßenseite befanden sich einst die Gründe des Ziegelfabrikanten Kreindl.

Hier hatte der Fußballclub Vienna seit 1899 seine Heimstätte. Als die 1919 gegründete Dreamland Film Factory einen höheren Pachtzins bot, wurde der Fußballclub Vienna kurzerhand ausquartiert. Die Filmgesellschaft produzierte allerdings nur einen einzigen Film, bereits 1922 ging sie in Konkurs. Auf dem Areal entstand eine Freilichtbühne, wo bis

9 DIE HOHE WARTE

Japanischer Garten

Ehemalige Israelitische Blindenerziehungs- und Ausbildungsanstalt

Mitte der Dreißigerjahre im Sommer Opernaufführungen für bis zu 25.000 Besucher stattfanden. 1924 wurde Giuseppe Verdis „Aida“ mit 1000 Mitwirkenden aufgeführt, im selben Jahr sogar ein Boxkampf ausgetragen.

Heute befindet sich auf einem Teil des Areals der 1992 angelegte 2 **Setagaya Park.** Neben dem Haupteingang befindet sich ein Stein, auf dem in japanischer Schrift „Furomon“ eingemeißelt ist, was Paradies bedeutet. Hier ist auf 4700 Quadratmetern eine japanische Landschaft nachempfunden, die mit ihrem japanischen Teehaus, den kleinen Wasserfällen, der Pagode sowie der Vegetation zu einem harmonischen Ganzen verschmilzt. Besonders beglückend ist dieser Garten im Frühjahr, wenn die Kirschbäume in voller Blüte stehen.

Wir gehen wieder hinaus zur **Hohen Warte,** wo auf der linken Seite einst das Café Grandjean stand. Landpartien waren in der Biedermeierzeit hoch in Mode, und als Matthias Grandjean 1841 eine Meierei und ein Kaffeehaus „Zur Hohen Warte“, umgeben von einem großen Garten, eröffnete, fand sein großzügiges und elegantes Etablissement großen Zuspruch. Die zauberhafte Umgebung mit dem wundervollen Blick auf die Stadt lockte nach und nach die wohlhabende Gesellschaft ins Grüne. Die ehemalige Jausenstation wurde während des Zweiten Weltkriegs zerstört. Wir wenden uns nun wieder der rechten Seite zu und kommen zur Hohen Warte 32. In diesem Gebäude ist seit 1946 das 3 **Polizeikommissariat Döbling** untergebracht, bis zur Zeit des Nationalsozialismus hatte die **Israelitische**

Blindenerziehungs- und Ausbildungsanstalt dort ihren Sitz. Die Einrichtung wurde 1871 dank der Initiative von Ludwig August Frankl Ritter von Hochwart und der finanzkräftigen Unterstützung des Bankiers Jonas Freiherr von Königswarter geschaffen. Für die rund 50 blinden jüdischen Kinder gab es neben vier Lehrsälen auch Bürstenbinder-, Korbflechter- und Seilerwerkstätten, ja sogar eine eigene Druckerei für Publikationen in Blindenschrift. Das Gebäude war für die damalige Zeit hochmodern ausgestattet und verfügte über Gasbeleuchtung, eine Zentralheizung, Badezimmer mit Duschen, Krankenzimmer und eine Wäscherei.

Die Hohe Warte 36 galt fünf Jahrzehnte lang als erste Adresse Österreichs, da insgesamt vier Bundespräsidenten hier ihren repräsentativen Wohnsitz hatten. Der letzte in der

ZAMG, ehemaliger Wetterturm

Reihe war Thomas Klestil, der eine Liebschaft mit seiner Sekretärin Margot Löffler hatte. Als diese Mesalliance aufgrund einer verräterischen Fotografie öffentlich bekannt wurde, packte die Bundespräsidentengattin Edith Klestil ihre Koffer und verließ die Amtsvilla demonstrativ und medienwirksam. Thomas Klestil verstarb, 36 Stunden bevor sein Mandat endete, und der neu gewählte Bundespräsident Heinz Fischer hatte von vornherein klargestellt, in seiner Wohnung im 8. Bezirk bleiben zu wollen. Somit wurde die sanierungsbedürftige **Präsidentenvilla** verkauft und 2010 abgerissen. Auf den beiden Grundstücken Hohe Warte 34–36 entstanden fünf Gebäude mit dem Namen „Garden of Eden", deren Grundrisse Schmetterlingen nachempfunden wurden.

Die meisten Österreicher denken unwillkürlich ans Wetter, wenn sie Hohe Warte hören, denn gleich nebenan befindet sich seit 1872 die Zentralanstalt für Meteorologie und Geodynamik (ZAMG), die 2023 in 4 **GeoSphere Austria** umbenannt wurde und den täglichen Wetterbericht liefert. Das Gebäude, in dem die Wetterfrösche zu Hause sind, war von Heinrich von Ferstel errichtet worden.

Linker Hand schuf das Architektenduo Fellner und Helmer 1872 die eindrucksvolle 5 **Villa Rittershausen.** Der

Bauherr und Eigentümer Ferdinand Hermann Ritter von Rittershausen lebte hier zehn Jahre mit seiner Frau Dorothea. Der ehrgeizige Bäckerssohn aus Berlin hatte sich zum Generaldirektor-Stellvertreter der k.k. Österreichischen Nordwestbahn hochgearbeitet und war zu großem Reichtum gekommen. Nach seinem Tod 1899 erwarb Alfred von Fraenkel, der Vizedirektor der Russischen Bank, die Villa. Seine Frau Aloisia, besser bekannt als Louise von Ehrenstein, hatte 1901 infolge der Eheschließung mit Fraenkel ihre Karriere als Hofopern- und Kammersängerin aufgegeben. Das Gebäude wurde von nun an Villa Louise genannt. Ab 1944 nutzte die Familie Kattus die Villa als Büro und zu Repräsentationszwecken für ihre Sektkellerei. 2005 teilte Kattus das Grundstück und verkaufte die Hälfte mit der Villa an einen aus Persien stammenden Immobilienentwickler, der sich dazu bereit erklärt hatte, den Besitz mit viel Liebe zum Detail zu restaurieren.

Nur wenige Meter weiter befindet sich rechter Hand die **Societas de Imitatione Christi** (Gemeinschaft der Nachfolge Christi). Die 1947 gegründete Einrichtung bietet 150 Studierenden Unterkunft. 1933 diente die Villa Sigmund Freud, dem Begründer der Psychoanalyse, als Sommerfrischehäuschen. Für den Aufenthalt von Anfang Mai bis Ende September ließ Freud eigens ein Briefpapier mit der Anschrift Hohe Warte 46 drucken. Er ordinierte auch in der Sommerfrische, wobei seine beiden Chow-Chows immer zu seinen Füßen weilten.

Ehemaliges Waisenhaus für christliche Knaben

In den dunklen Zeiten des Zweiten Weltkriegs ließen sich auch höchst unrühmliche Gestalten auf der Hohen Warte nieder. So wurde beispielsweise die in den 1860er-Jahren erbaute Villa auf Nr. 52 einige Jahre von Baldur von Schirach bewohnt. Heute ist in dem Gebäude, das zu Kriegsende nur

9 DIE HOHE WARTE

Villa Ast

ganz knapp einem Bombenhagel entgangen ist, die Ägyptische Botschaft untergebracht.

Wir gelangen nun zur Endschleife der Straßenbahnlinie 37, wo der Architekt und Designer Josef Hoffmann ab 1901 im Bereich Wollergasse, Steinfeldgasse und Geweygasse mit der Gründung einer Künstlerkolonie begann. Hier hatte er die Möglichkeit, Häuser zu errichten, die der damaligen Idealvorstellung entsprachen und durch ihr Äußeres auch schon ihr Inneres verraten sollten. Jede dieser Villen war Teil einer Gesamtkomposition, die als Lebens- und Arbeitsgemeinschaft gedacht war.

Wir gehen die Wollergasse entlang bis zur 6 **Villa Moll II** auf Nr. 10, wo sich der Jugendstilmaler Carl Moll 1909 von Josef Hoffmann eine zweite Villa bauen ließ, nachdem er seine Haushälfte in der Steinfeldgasse verkauft hatte.

Josef Hoffmann wurde wegen der kubischen Formen auch als „Quadratl-Hoffmann" bezeichnet.

Carl Moll war mit der Witwe des Landschaftsmalers Emil Jakob Schindler verheiratet. Die Schauspielerin und Sängerin Anna Sofie Bergen war Mutter von zwei Töchtern. Eine davon war Alma Mahler-Werfel, Femme fatale der damaligen Zeit.

Auf dem Eckgrundstück daneben steht die **Villa Ast,** die Josef Hoffmann 1911 für den Bauunternehmer Eduard Ast errichtete. Carl Moll kaufte das Anwesen 1930, um es seiner Stieftochter zu schenken und gleichzeitig seiner Frau eine Freude zu machen, die nun ihre Tochter zur Nachbarin hatte. Alma Mahler bewohnte die Villa mit ihrem dritten Ehemann, dem jüdischen Schriftsteller Franz Werfel, mit dem sie 1938 in die Vereinigten Staaten emigrierte. Als sie 1945 nach dem Tod ihres Mannes nach Wien zurückkehrte, verkaufte sie die Villa in der Steinfeldgasse 2, die sie in besseren Zeiten zu einem geistigen und kulturellen Zentrum verwandelt hatte. An dieser Adresse verkehrten Genies wie Oskar Kokoschka, Arthur Schnitzler, Arnold Schönberg und viele andere. Auch Friedrich Viktor Spitzer, ein Chemiker und Kunstfotograf, der zum Freundeskreis um Carl Moll gehörte, ließ sich auf der Hohen Warte nieder und beauftragte Josef Hoffmann 1903 mit dem Bau der **Villa Spitzer** in der Steinfeldgasse 4.

Das Doppelhaus für Kolo Moser (Steinfeldgasse 6) und Carl Moll (Steinfeldgasse 8/Geweygasse 13) war Josef Hoffmanns erstes Bauwerk der Villenkolonie. Die enge Nachbarschaft mit offenen Türen war förderlich für einen regen Ideen- und Gedankenaustausch. Als Kolo Moser 1905 Dita Mautner-Markhof heiratete, zog er von der Hohen Warte weg. Kurz darauf verkaufte auch Carl Moll seinen Villenanteil und beauftragte Josef Hoffmann, die von uns bereits bewunderte Villa Moll II zu errichten. Der neue Eigentümer war Benno Karpeles, der Begründer der Hammerbrotwerke. Er konnte allerdings erst drei Jahre nach dem Kauf in die 7 **Villa Moll I** einziehen, weil er warten musste, bis Molls neues Heim in der Wollergasse fertiggestellt war. Heute wird das Gebäude von der Saudi-Arabischen Botschaft genutzt.

Villa Moser-Moll

9 DIE HOHE WARTE

Pförtnerhaus der ehemaligen Rothschildgärten

Leider blieb auch die Gegend um die Hohe Warte von den Bomben, die 1944–45 auf die gesamte Stadt niedergingen, nicht verschont. Ein besonders großer Verlust war die Zerstörung der legendären Rothschildgärten, die sich in der Geweygasse auf der linken Seite befanden. Baron Nathaniel Mayer Anselm Freiherr von Rothschild war ein Außenseiter in der Bankerfamilie, seine Interessen galten nicht den Geldgeschäften. Der leidenschaftliche Sammler exotischer Pflanzen ließ ab 1870 insgesamt 70 Glashäuser bauen. Das Orchideenhaus war das Prunkstück dieses Gartenparadieses, ein Teil der Orchideensammlung kann heute noch in den Blumengärten Hirschstetten bestaunt werden.

Eine stattliche Anzahl von 120 Gärtnern hegte und pflegte das Blumenmeer. Jedes Jahr strömten über 100.000 Besucher von Mitte April bis Mitte Juni herbei, um die Wundergärten zu besichtigen.

Anschließend kommen wir am **Döblinger Bad** vorbei, das sowohl im Sommer als auch im Winter Badevergnügen bietet. Die im Liegewiesenbereich aufgestellten Skulpturen stammen vermutlich aus den Rothschildgärten.

Am Ende des Rundgangs biegen wir rechts in die Hohe Warte ein, erklimmen den höchsten Punkt der Straße und erblicken links auf Nr. 31 das älteste Gebäude der Hohen Warte, das noch aus der Biedermeierzeit stammt.

Leider nicht mehr vorhanden, aber dennoch erwähnenswert ist das **„Daheimhäuschen“,** das auf Nr. 37 stand. Seinen Namen verdankte es einer Inschrift auf der Fassade, auf der „Daheim“ geschrieben stand. Hier verbrachte die Schauspielerin des Alt-Wiener Volkstheaters, Therese Krones, die Sommermonate der Jahre 1823–26. 1827 fiel sie bei ihrem Publikum in Ungnade, als ihr Geliebter, der polnische Adelige Severin von Jaroszynski, wegen Mordes aus Habgier an seinem ehemaligen Lehrer, dem Abbé Johann Konrad Blank, verhaftet wurde.

Wir gehen bis zur Reimersgasse zurück und folgen ihr, bis wir links in die Wallmodengasse einbiegen. Auf der rechten Straßenseite befindet sich die 8 **Villa Mendl,** die 1907 von Fritz Mendl erworben wurde. Er hatte 1891 mit seinem Bruder Heinrich die Firma Ankerbrot, einst einer der bedeutendsten Backwarenproduzenten Österreichs, gegründet. Fritz Mendl wünschte für seine Kinder die bestmögliche Ausbildung, die seiner Meinung nach in den öffentlichen Schulen nicht zu erlangen war, und gründete eine Privatschule. Während der NS-Zeit wurde die Villa beschlagnahmt und von SS-Führer Otto Wächter bewohnt. Dem für Massenmorde Verantwortlichen gelang es, sich nach Rom abzusetzen, wo er, als Priester getarnt, lebte. Das Anwesen wurde an die rechtmäßigen Erben restituiert und wird heute in vierter Generation von den Brüdern Thomas und Stefan Mendl bewohnt.

Die rostrote 9 **Villa Auspitz** in der Wallmodengasse 10 wurde 1930 vom Loos-Schüler (der Architekt Adolf Loos erbaute das „Haus ohne Augenbrauen“ am Michaelerplatz, siehe Spaziergang 10, Seite 134) Helmut Camillo Wagner-Freyersheim für den Millionenerben und Bankier Stefan Edler von Auspitz-Artenegg erbaut. Ursprünglich war das aus ineinander verschachtelten Kuben und einem Rundbau bestehende Gebäude orangefarben. In der NS-Zeit wurde Auspitz‘ Eigentum inklusive seiner über 4800 Bände umfassenden Bibliothek beschlagnahmt. Auspitz wurde 1942

Mariensäule Silbergasse

nach Theresienstadt deportiert, er gehörte zu den Überlebenden, allerdings verstarb er wenige Monate nach Kriegsende. Später erwarb die Obsthändlerin Rudolfine Steindling das Haus, in dem sie bis zu ihrem Tod 2012 wohnte. Ihren Spitznamen „Rote Fini" verdankte sie ihrer Nähe zu kommunistischen und sozialdemokratischen Politikern. Die Frau, deren Ausspruch „Ich mach nichts, wo kein Geld rausspringt" legendär wurde, war in einen millionenschweren Finanzskandal verstrickt. Die nach eigenen Angaben mittellose Geschäftsfrau hatte ihre Villa bereits 1994 ihrer Tochter überschrieben.

Wir gelangen nun in die Haubenbiglgasse 5, wo sich die hochherrschaftliche **10 Villa Kattus** befindet. Sie ist seit über 100 Jahren der Familiensitz der Kattus-Sektdynastie. Der Architekt Julius Mayreder wurde 1896 von Johann Kattus beauftragt, das schlossähnliche Gebäude mit 450 Quadratmetern Grundfläche zu errichten. Kattus betrieb ursprünglich eine Spezereiwarenhandlung Am Hof 8 (siehe Spaziergang 5, Seite 71), deren Umsätze durch die Decke gingen, als er begann, unter anderem die Kaiserhöfe in St. Petersburg und Wien mit Kaviar, dem schwarzen Gold, zu beliefern. Nach dem Ersten Weltkrieg baute sein Sohn die Firma Kattus wieder auf und spezialisierte sich auf Sekt. Der bescheidene Mann wollte vermeiden, dass in einem Lokal „bitte einen Kattus" bestellt wird, und taufte seinen Sekt „Hochriegl". Mittlerweile ist die fünfte Generation der Familie herangewachsen, und die vier Geschwister sind sich einig, dass sie den Familienbetrieb gemeinsam erhalten und weiterführen wollen.

Wir gehen bis zur Verlängerung der Wallmodengasse, wo auf Nr. 5 die ⓫ **Villa Kielmannsegg** steht. Erich Graf von Kielmannsegg war ein Mann mit Weitsicht und dementsprechend geeignet für sein Amt als Ministerpräsident und Innenminister unter Kaiser Franz Joseph. Seine Ehefrau, Gräfin Anastasia Kielmannsegg, ging wegen eines für Frauen eher ungewöhnlichen Ereignisses in die Geschichte ein. Ein Streit über den Blumenschmuck für die internationale Ausstellung für Theaterwesen und Musik eskalierte derart, dass sie sich mit Fürstin Pauline Metternich duellierte. Das Duell fand nach französischem Vorbild statt, in dem die beiden Gegnerinnen mit stumpfen Degen kämpften. Die eigens aus Warschau angereiste Baronin Lubinska organisierte das Duell und gab zu bedenken, dass bei etwaigen Verletzungen der Schmutz der getragenen Kleider in die Wunde eindringen und die Person infizieren könnte. Also einigte man sich darauf, die Auseinandersetzung barbusig, sprich oben ohne, auszutragen. Eine Zeichnung zeugt von diesem eigentümlichen Ereignis. Anschließend versöhnten sich die Duellantinnen, umarmten und küssten sich, als ob nie etwas gewesen wäre. Während der Zwanziger- und Dreißigerjahre wurde die Villa vom Verleger Paul Zsolnay und seiner Frau Anna, der Tochter von Gustav und Alma Mahler, bewohnt. Nachdem sie während der NS-Zeit enteignet worden waren, ließ sich auch hier einer von Hitlers Schergen, der Generalfeldmarschall Wilhelm List, wohnlich nieder. Allerdings war sein Glück von kurzer Dauer, weil er im Nürnberger Prozess wegen Kriegsverbrechen zu lebenslanger Haft verurteilt wurde. In den Fünfzigerjahren war die Villa Kielmannsegg vom Diplomkaufmann Johann Kreuziger und seiner Familie erworben worden, die zunächst damit beschäftigt waren, die wanzenverseuchte Villa wieder bewohnbar zu machen. 1991 verkaufte die Familie das Anwesen an die Japanische Botschaft.

Wir folgen dem Straßenverlauf und biegen links in die Silbergasse ein, die uns wieder zurück zur Hohen Warte und zu unserem Ausgangspunkt bringt.

10

START/ZIEL: Tourist-Info, Albertinaplatz/Maysedergasse, 1010 Wien
LÄNGE: ca. 1,5 Kilometer
DAUER: ca. 1,5 Stunden
ÖPNV: Haltestelle Karlsplatz
PARKEN: Kärntnerstraße Tiefgarage, Kärntner Straße 51, 1010 Wien

UNTERWEGS ENTDECKT

1. Tourist-Info
2. Albertina
3. Augustinerkirche
4. Schatzkammer
5. Sisi Museum und Kaiserappartements
6. Heldenplatz
7. Michaelerplatz
8. Stallburg
9. Pestsäule

ESSEN + TRINKEN

Brasserie Palmenhaus, Burggarten 1, 1010 Wien,
Tel. +43 1/5 33 10 33, palmenhaus.at
Die Glas-Stahl-Konstruktion des Palmenhauses ist ein Glanzwerk des Jugendstils. Hier kann man sich zwischen exotischen Pflanzen laben.

DIE HOFBURG

Eine Stadt in der Stadt

Die Hofburg war die Winterresidenz der Habsburger. Seit 1273 war sie der Hauptsitz dieser Dynastie, die insgesamt rund 640 Jahre lang die Geschicke eines der größten Kaiserreiche der Welt gelenkt hat. Hinter dem Gebäudekomplex, der im Laufe von etwa 700 Jahren nach und nach entstanden war, verbirgt sich ein Labyrinth. Die Gebäude der Hofburg wurden zwar in unterschiedlichen Jahrhunderten errichtet, dennoch sind sie alle miteinander verbunden, sodass man den gesamten Komplex trockenen Fußes durchqueren konnte. Bis zu 5000 Menschen lebten und wirkten hier und mussten selbstverständlich auch versorgt werden. Hier wurde gefeiert und getrauert, geliebt und gehasst. Aber auch große politische Entscheidungen wurden in diesen Räumlichkeiten getroffen, so fand zum Beispiel in den Jahren 1814–15 der Wiener Kongress statt, ein Treffen der europäischen Staatsmänner, die über eine Neuaufteilung Europas nach dem Sieg über Napoleon und seiner Verbannung auf die Insel Elba entschieden.

Wir beginnen unseren Spaziergang bei der 1 **Tourist-Info** am Albertinaplatz. In der Mitte des Platzes stand bis 1945 der Philipphof, der durch einen Bombenhagel zerstört wurde. Hunderte Menschen, die in den Kellern des Philipphofs Schutz gesucht hatten, kamen dabei ums Leben. Nach dem Krieg beschloss die Stadtverwaltung, an dieser Stelle einen Park anzulegen, da es nicht möglich war, die Opfer zu bergen. Ein halbes Jahrhundert nach dem Anschluss Österreichs an Deutschland wurde 1988 das vom Bildhauer Alfred Hrdlicka geschaffene **Mahnmal gegen Krieg und Faschismus** enthüllt. Es stellt den straßenwaschenden Juden hinter dem „Tor des Schre-

Mahnmal gegen Krieg und Faschismus

Mahnmal & Augustinerkirche

ckens" dar und war Gegenstand einer heftigen Kontroverse. Die Gegner argumentierten mit der Störung der Totenruhe, da zwei Drittel des Parks entfernt wurden. Der Stacheldraht über dem straßenwaschenden Juden wurde nachträglich angebracht, um erschöpften Touristen die Möglichkeit zu nehmen, sich darauf niederzulassen. Gegenüber befindet sich die 2 **Albertina,** die bereits zum Hofburg-Komplex gehört. Wir fahren mit der Rolltreppe auf die Augustinerbastei, wo das Reiterdenkmal von Erzherzog Albrecht steht. Dieser war als Feldmarschall in der Schlacht von Custozza (Italien) erfolgreich und trug 1848 zur Niederschlagung der Revolution bei. Unmittelbar dahinter sehen wir den Eingang ins **Albertina-Museum,** wo sich unter anderem eine der bedeutendsten grafischen Sammlungen der Welt befindet. Bauherr und Namensgeber des Gebäudes war Herzog Albert Kasimir von Sachsen-Teschen, der mit Marie Christine, der Lieblingstochter Maria Theresias, verheiratet war. Marie Christine war das einzige Kind der Monarchin, das aus Liebe heiraten durfte.

Josefsplatz

Wir gehen über die Stiege der Albrechtsrampe hinunter, die Augustinerstraße entlang, am Augustinerkloster und der Seitenfassade der gotischen **3 Augustinerkirche** vorbei und gelangen zum Josefsplatz, in dessen Mitte das Reiterstandbild von Kaiser Joseph II. steht. Nach dem Tod seines Vaters, Kaiser Franz Stephan von Lothringen, regierte Joseph 15 Jahre lang gemeinsam mit seiner Mutter Maria Theresia. Seine innovativen Ideen und Reformen konnte er allerdings erst nach dem Tod der Herrscherin umsetzen. Auf der linken Seite des Denkmals befindet sich der Eingang in die 1349 geweihte Augustinerkirche, zu der nur die kaiserliche Familie und der hohe Adel Zutritt hatten. Die ursprünglich frei stehende Kirche gehört seit dem Bau der Albertina zum Albertinatrakt. In der k.k. Hofpfarrkirche wurde auch kaiserlich

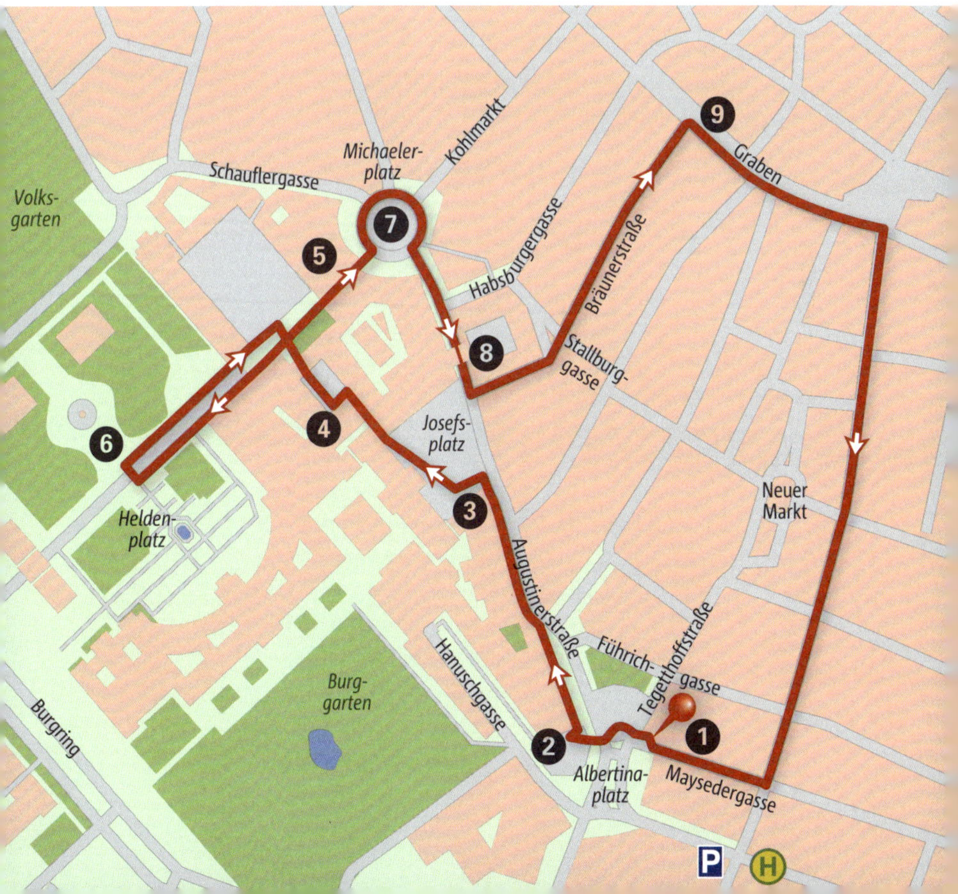

Schweizertor

geheiratet, und so schlossen hier unter anderem Kaiser Franz Joseph und seine Sisi am 24. April 1853 den Bund fürs Leben. Im Inneren der Kirche ist auf der rechten Seite das Grabmal für Marie Christine, das der untröstliche Albert von Sachsen-Teschen in Erinnerung an seine geliebte Frau in Auftrag gegeben hatte. Das pyramidenförmige, aus Carrara-Marmor gehauene Grabdenkmal ist ein Werk des italienischen Bildhauers Antonio Canova. Gleich daneben hängt ein Gemälde des letzten habsburgischen Kaisers Karl I. (1916–1918), der 2004 seliggesprochen wurde. Am Ende des rechten Seitenschiffs befindet sich die Loretokapelle, an deren Rückseite die Herzgruft der Habsburger angeschlossen ist. Der kleine Raum beherbergt insgesamt 54 silberne Gefäße, in welchen die Herzen von Verstorbenen des Kaiser-

Die Wiener bezeichnen die Herzgruft liebevoll als Herzerlgruft oder Herzgrüftel.

hauses aufbewahrt werden. Die Habsburger hatten ein recht eigentümliches Ritual, denn nach ihrem Ableben wurden Herz und Eingeweide entnommen. Vor der Bestattung in der Kaisergruft am Neuen Markt wurde die sterbliche Hülle in einen Holzsarg gelegt, der wiederum in einen Metallsarg gebettet wurde. Die Eingeweideurnen brachte man in die Eingeweidegruft, die sich unter dem Chor des Stephansdomes befindet, und die Herzurnen fanden ihren Platz in der Augustinerkirche. Das letzte Herz, das 1878 bei den Augustinern beigesetzt wurde, stammt von Erzherzog Franz Karl, dem Vater Kaiser Franz Josephs. Wir verlassen die Kirche und widmen uns dem zentralen Gebäude. Die ehemalige k.k. Hofbibliothek wurde unter Kaiser Karl VI. von Joseph Emanuel Fischer von Erlach errichtet. Darin befindet sich der barocke Prunksaal der **Österreichischen Nationalbibliothek,** in dem rund 200.000 Bücher, darunter die 15.000 Bände umfassende Bibliothek des Prinzen Eugen von Savoyen, aufbewahrt werden.

Maskenbälle, aber auch Feste und Tanzveranstaltungen wurden als Redoute bezeichnet.

Das Gebäude auf der rechten Seite des Platzes beherbergt die **Redoutensäle** und die Spanische Hofreitschule. Ein verheerender Großbrand im Jahre 1992 zerstörte die barocken Prunksäle; sie wurden beim Wiederaufbau mit modernen Fresken versehen.

Durch einen Verbindungsgang auf der linken Seite des Gebäudes gelangen wir in einen kleinen Innenhof, wo wir die Apsis der Hofburgkapelle erblicken. Die Kapelle ist ein Teil des sogenannten **Schweizertrakts,** der Zugang befindet sich im nächsten Innenhof, den wir durch einen weiteren Durchgang erreichen.

Als die Babenbergerpfalz Am Hof zu Beginn des 13. Jahrhunderts zu eng wurde, beschloss Leopold VI. der Glorreiche, ab 1220 einen neuen, großzügiger angelegten Fürstenhof zu schaffen. Die Burg wurde 1279 erstmals schriftlich dokumentiert und zu diesem Zeitpunkt bereits von Rudolf I., der als erster Habsburger 1273 zum König des Heiligen Römischen Reiches gewählt worden war, bewohnt. Die Schwei-

Innerer Burghof

zergarde versah von 1745 bis 1767 den Wachdienst in der Hofburg, woran die Bezeichnung Schweizerhof erinnert.

Wir kommen an der **Zehrgadenstiege** vorbei, die ihren Namen dem ehemaligen Zehrgaden, dem Lebensmittelmagazin der Hofküche, verdankt. Die Küchen waren aus Geruchsgründen im Schweizertrakt untergebracht. Es gab allerdings keine Kantine, und so suchte sich jeder, der sein Essen geholt hatte, ein freies Plätzchen. Selbstverständlich wurden der kaiserlichen Familie und den höheren Angestellten die Mahlzeiten serviert. Für die einzelnen Lebensmittel waren unterschiedliche Küchen vorgesehen. So gab es zum Beispiel die Olioküche, in der eine Kraftsuppe für Erkrankte gebraut wurde.

In der linken Ecke des Schweizerhofes befindet sich der Eingang in die Kaiserliche 4 **Schatzkammer,** in der unter anderem die Insignien des Heiligen Römischen Reiches Deutscher Nation ausgestellt sind: Zu den Reichsinsignien gehören die Reichskrone, der Reichsapfel und das Szepter (Zepter). Gleich daneben führt eine Treppe zur **Hofburgka-**

pelle, wo bis zum heutigen Tag die **Wiener Sängerknaben** den sonntäglichen Gottesdienst mit ihrem Gesang begleiten. In der Hauskapelle wurde nicht nur der kaiserliche Nachwuchs getauft: Wenn ein Mitglied des Kaiserhauses verstarb, wurde sein Leichnam drei Tage lang aufgebahrt, um der Bevölkerung die Möglichkeit zu geben, sich zu verabschieden. Eine weitere Treppe führt zur **Botschafterstiege,** die unter Maria Theresia angelegt wurde. Botschafter und Gesandte gelangten über diese Stiege zu den festlichen Empfängen in den Zeremonialräumen.

Maximilian I. gründete 1498 den Hofsängerknabenchor, der aus der Privatschatulle des Kaisers finanziert wurde.

Wir gehen durch das **Schweizertor** über die ehemalige Zugbrücke und gelangen in den **Inneren Burghof.** Das gegenüberliegende Gebäude war 1575 unter Kaiser Maximilian II. für seinen Sohn Rudolf errichtet worden, der allerdings nie davon Gebrauch machte. Zu Beginn des 18. Jahrhunderts residierte hier die Witwe Josephs I., Kaiserin Amalia. Nach ihr wurde die Rudolfsburg in **Amalienburg** umbenannt. Kaiserin Elisabeth (Sisi) bewohnte das zweite Stockwerk, so sie nicht auf Reisen war. Es gibt genaue Aufzeichnungen über die jeweilige Verwendung der Räumlichkeiten der Hofburg. Dabei fällt auf, dass kein Kaiser in den Räumlichkeiten der Vorgänger gewohnt und gearbeitet hat, da man der Meinung war, es brächte Unglück.

Auf der linken Seite befindet sich der **Leopoldinische Trakt,** der nur zwei Jahre nach seiner Fertigstellung 1666 bis auf die Grundmauern niederbrannte. Kaiser Leopold I. veranlasste noch im selben Jahr den Wiederaufbau, der 1681 abgeschlossen wurde. Maria Theresia residierte mit ihrer Familie im zweiten Stock des Gebäudes, seit 1946 befindet sich in ihrem ehemaligen Appartement der Amtssitz des österreichischen Bundespräsidenten, die **Präsidentschaftskanzlei.** Auf dem Gebäude sind zwei Fahnenstangen für die österreichische und die europäische Fahne angebracht. Sind beide gehisst, so weilt der Bundespräsident in Österreich; ist nur die europäische Fahne zu sehen, hält er sich in einem EU-Staat auf. Wenn beide Fahnen eingeholt sind, ist er im EU-Ausland. Unter dem Leopoldinischen Trakt geht es drei

Leopoldinischer Trakt

Stockwerke tief in die Weinkeller, wo einfacher Tischwein sowie kostbare Tropfen aufbewahrt wurden.

Auf der rechten Seite steht der von Johann Lukas von Hildebrandt geplante und 1730 fertiggestellte **Reichskanzleitrakt.** Kaiser Franz Joseph hatte sein Appartement im zweiten Stock, das er nahezu sieben Jahrzehnte lang bewohnte. Heute noch können das **Sisi Museum** mit den **5 Kaiserappartements** von Franz Joseph und Elisabeth, die nur durch eine Türe getrennt sind, besichtigt werden. Dort kann man das Turnzimmer der sportlichen Kaiserin sehen. Als Elisabeth ihren griechischen Vorleser, Konstantin Christomanos, eines Tages rufen ließ, bot sich ihm ein erstaunliches Bild. „An der offenen Thüre zwischen dem Salon und ihrem Boudoir waren Seile, Turn- und Hängeapparate angebracht. Ich traf sie gerade, wie sie sich an den Handringen erhob. Sie trug ein schwarzes Seidenkleid mit langer Schleppe und von herrlichen schwarzen Straußenfedern umsäumt. Sie machte einen phantastischen Eindruck, wie ein Wesen zwischen Schlange und Vogel." Nachdem sie ihre Übung beendet hatte, erklärte sie dem jungen Griechen, dass sie gleich einige Erzherzoginnen empfangen müsse und daher so feierlich gekleidet sei. „Wenn die Erzherzoginnen wüssten, dass ich in diesem Kleide geturnt habe, sie würden erstarren."

Auch die Boulevard-Presse erfuhr von dem Turnzimmer in der Hofburg, doch keiner der Journalisten vermochte sich die Kaiserin beim Absolvieren ihrer körperlichen Ertüchtigung vorstellen, und so verbreiteten sie folgende Fake News: „Es dürfte gewiß von großem Interesse sein zu vernehmen, dass der Rittersaal in der kaiserlichen Hofburg zu einem Turnplatze eingerichtet ist. Es befinden sich dort alle Turngeräte: die Schwingel, Recke, Barren, Klettergerüste etc. Es turnen daselbst, beinahe täglich durch zwei Stunden, Seine Majestät der Kaiser und die Herren Erzherzöge, ..., sämmtlich im Turnkleide ..."

Auch die Morgentoilette fand in diesem Raum statt: Hier wurde das kaiserliche Haar von einer echten Könnerin, Fanny Feifalik, gebürstet. Sie war die Einzige, die mit der fast bodenlangen Haarpracht der Kaiserin zurechtkam, und erarbeitete sich auf diese Weise so manches Privileg. Nach den Regeln der Hofetikette durften nur unverheiratete Damen als Gesellschafterinnen der Kaiserin zugelassen werden. Elisabeth jedoch war von Fanny gewissermaßen abhängig geworden und setzte nicht nur die Hochzeit mit Hugo Feifalik durch, sondern erwirkte auch eine Anstellung des Bräutigams in den Hofdienst. Fanny leistete auch bei öffentlichen Auftritten im Ausland gute Dienste: Elisabeth setzte sie gerne als Doppelgängerin ein, um den Huldigungen der Honoratioren und der beengenden Menschenmenge zu entgehen.

Nach dem Turnzimmer gehen wir an der höchstkaiserlichen Toilette vorbei und kommen zum ersten in die Hofburg eingebauten Badezimmer, wo die Kaiserin allmorgendlich ein kaltes Bad nahm.

Der Besuch der **Silberkammer** im Erdgeschoss des Gebäudes ist im Eintrittspreis inbegriffen. Dort bekommt man eine Vorstellung von dem Umfang des benötigten Hoftafelsilbers sowie den zur Zubereitung erforderlichen Küchenutensilien, die wegen der guten Wärmeleitfähigkeit meist aus Kupfer gefertigt waren.

Präsidentschaftskanzlei

In der Mitte des Platzes steht das **Denkmal von Kaiser Franz II./I.,** der ein Enkel Maria Theresias und gleichzeitig Großvater von Kaiser Franz Joseph war. Als Franz II. war er der letzte Kaiser des Heiligen Römischen Reiches, das 1806 endete. Er hatte jedoch bereits 1804 das Kaisertum Österreich begründet, das er bis zu seinem Tod als Kaiser Franz I. regierte.

Wir gehen links unter dem Leopoldinischen Trakt durch und gelangen zum 6 **Heldenplatz** (siehe Spaziergang 1, Seite 11). Die **Neue Burg** auf der linken Seite stellt nur einen Teil des ursprünglich geplanten Kaiserforums dar. Der Ausbruch des Ersten Weltkrieges verhinderte den Bau des Zwillingsgebäudes auf der rechten Seite des Heldenplatzes. Die Neue Burg wird vorwiegend von der **Österreichischen Nationalbibliothek** genutzt, es sind aber auch das **Ephesos-Museum,** die **Sammlung alter Musikinstrumente,** die **Hofjagd- und Rüstkammer** und das **Weltmuseum,** das frühere Völkerkundemuseum, darin untergebracht. Wir ge-

Neue Burg

10 DIE HOFBURG

Michaelerkirche

hen wieder zurück in den Inneren Burghof und geradeaus weiter bis zum 7 **Michaelerplatz,** der seinen Namen der gleichnamigen Kirche verdankt. Mit dem Bau der **Michaelerkirche** als Hofpfarrkirche wurde gleichzeitig mit dem Schweizertrakt um 1220 begonnen, sie war für das Hofgesinde bestimmt.

Auf der linken Seite des Platzes steht das **Loos-Haus.** Der Architekt Adolf Loos hatte das Gebäude 1911 für die Schneiderfirma Goldmann & Saltsch geschaffen. Die glatte Fassade sah auch im Fensterbereich keine Verzierungen vor, was dem Bau den Spitznamen „Haus ohne Augenbrauen“ einbrachte. Schließlich einigte man sich auf einen Kompromiss, und Loos ließ kupferne Blumenkästen montieren.

Wir wenden uns nach rechts und gehen die Augustinerstraße entlang bis zur 8 **Stallburg,** die mit der Hofburg baulich verbunden ist. Das Renaissancegebäude mit seinem Arkadenhof war ursprünglich für Kaiser Maximilian II. errichtet worden, doch es wurde von Anbeginn als Marstall genutzt. Heute sind in den Stallungen die Lipizzanerhengste der **Spanischen Hofreitschule** untergebracht.

Kaiser Karl VI. beauftragte Josef Emanuel Fischer von Erlach mit der Errichtung der Winterreitschule, die ursprünglich für den Reitunterricht der adeligen Jugend gedacht war. Um in die „prachtvollste Reithalle der Welt“ zu gelangen, werden die Pferde über die Straße in den Redoutensaaltrakt geleitet und erfreuen Pferdefreunde mit ihren Auftritten.

Die Lipizzaner sind Abkömmlinge von Araber- und Berberpferden, die Kaiser Ferdinand I. aus Spanien an den Wiener

Hof mitgebracht hatte. Ihren Namen verdanken die weißen Pferde dem Hofgestüt, das sich in der Nähe des Dorfes Lipica in Slowenien befand. Seit 1920 ist ihre Heimat in Piber in der Weststeiermark.

Zum Abschluss unseres Rundgangs verlassen wir den Hofburgbereich, um mehr über einen der weiter oben erwähnten Habsburger sowie über die Auswirkungen der Heiratspolitik dieser Dynastie zu erfahren. Wir biegen links in die Bräunerstraße ein, erblicken auf der rechten Seite die traditionsreiche Tanzschule Elmayer, überqueren die Stallburggasse und gehen die Bräunerstraße weiter bis zum Graben, wo wir auf die hochbarocke 9 **Pestsäule** stoßen. Kaiser Leopold I. gelobte anlässlich der Pestepidemie 1679, eine Dreifaltigkeitssäule errichten zu lassen, sobald die Beulenpest vorüber sei. Über der Figurengruppe „Glaube besiegt die Pest“ wurde der Kaiser knieend dargestellt. Bei

Marstall war die Bezeichnung für den Pferdestall eines Fürsten.

Loos-Haus

10 DIE HOFBURG

Josefsplatz & Stallburg

näherer Betrachtung fällt die sogenannte Habsburger Lippe auf, die Leopold den Spitznamen „Fotzenpoidl" eingebracht hat.

Über die Gestalt des Kaisers berichtete der türkische Reiseschriftsteller Evliya Celebi Folgendes: „Man möchte fast bezweifeln, dass mit ihm der Herrgott wirklich einen Menschen hat erschaffen wollen, denn er sei scheußlich wie das Gespenst in der Wüste." Weiters schrieb er, dass der Kaiser einen Flaschenkopf habe, eine Stirn, die so flach wie ein Brett sei, Ohren so groß wie Kinderpantoffeln und eine große rote Nase, aus deren weiten Nasenlöchern die Nasenhaare heraushingen und sich in dichtem Wirrwarr mit dem Bart vermischten. „Seine Lippen sind wulstig wie die eines Kamels. Immer wenn er spricht, spritzt und trieft ihm der Speichel aus seinem Mund und von seinen Kamellippen, als ob er erbrechen würde ..." Diese wenig

Fotz ist eine Bezeichnung für Mund.

schmeichelhafte Beschreibung stimmt mit der Darstellung des Monarchen auf der Pestsäule überein.

Die jahrhundertelange inzüchtlerische Heiratspolitik zwischen der österreichischen und der spanischen Linie der Habsburger führte zur Degeneration des Herrschergeschlechts.

Erst durch die Hochzeit von Kaiser Karl VI. mit Elisabeth Christine von Braunschweig-Wolfenbüttel kam neues Blut in die Familie. Bei deren Tochter Maria Theresia verschwand der vorstehende Unterkiefer, und sie verliebte sich bereits im zarten Alter von sechs Jahren in ihren zukünftigen Ehemann Franz Stephan von Lothringen. Mit dieser Heirat wurde das Blut der Habsburger neuerlich aufgefrischt, von den 16 gemeinsamen Kindern starben nur drei im Kleinkindalter. Maria Theresia griff jedoch auf die „altbewährte" Heiratspolitik zurück und vermählte ihre Kinder zum Großteil mit Abkömmlingen der spanischen Linie der Habsburger. Dies führte zum vermehrten Auftreten von Epileptikern in der Familie. Als Beispiel sei Kaiser Ferdinand I. der Gütige genannt: Er hatte einen Wasserkopf und litt unter schweren epileptischen Anfällen. Von der Bevölkerung wurde der wenig respektierte Kaiser „Gütinand der Fertige" genannt. Er blieb kinderlos und dankte 1848 nach der Revolution zugunsten seines kerngesunden Neffen Franz Joseph ab. Ab seinem 18. Lebensjahr regierte Kaiser Franz Joseph Österreich und die Kronländer 68 Jahre lang, bis er im Alter von 86 Jahren verstarb. Wir gehen den Graben bis zur Kärntner Straße, in die wir rechts einbiegen. Bei der Maysedergasse biegen wir wieder rechts ab und gelangen zu unserem Ausgangspunkt.

Pestsäule

11

START/ZIEL: Museumsquartier (MQ), Museumsplatz, 1070 Wien
LÄNGE: ca. 2,5 Kilometer
DAUER: ca. 2 Stunden
ÖPNV: Haltestelle Museumsquartier
PARKEN: Parkgarage Am Museumsquartier, Museumsplatz 1, 1070 Wien

UNTERWEGS ENTDECKT

1. Museumsquartier
2. Leopold Museum
3. MUMOK
4. Volkstheater
5. Kleinstes Haus von Wien
6. Witwe Bolte
7. Theater am Spittelberg
8. Amerlinghaus
9. Amtsgebäude Stiftgasse-General Spannocchi
10. Sankt-Ulrichs-Platz

ESSEN + TRINKEN

Witwe Bolte, Gutenberggasse 13, 1070 Wien,
Tel. +43 1/5 23 14 50, witwebolte.at
Die gemütliche Atmosphäre und die gute Wiener Küche machen dieses Lokal unvergesslich.

DER SPITTELBERG

Vom Rotlichtviertel zum Kulturtreffpunkt

Das Museumsquartier mit einer Gesamtfläche von 90.000 Quadratmetern ist mit 60 kulturellen Einrichtungen eines der größten Kulturareale weltweit. Der 355 Meter lange barocke Bau der ehemaligen Hofstallungen bildet den Abschluss des vom Heldenplatz ausgehenden, nie fertiggestellten Kaiserforums. Der von Johann Bernhard Fischer von Erlach entworfene und von seinem Sohn Josef Emanuel 1725 ausgeführte Nutzbau bot nicht nur Wagenschuppen sowie die erforderlichen Stallungen für die vom Hof benötigten Pferde, es war auch für die Unterkunft der hier Beschäftigten gesorgt worden. Dahinter erstreckt sich ein wie Phönix aus der Asche auferstandenes Viertel, der Spittelberg. Maria Theresia war durch ihre – nicht unbegründete – Eifersucht in einen Moralwahn verfallen, hatte eine Keuschheitskommission gegründet, um die Bürger maßzuregeln, und die Prostituierten in die Vorstadt verbannt. Im Laufe der Achtzigerjahre hat sich am Spittelberg eine Kunst- und Kulturszene mit vielen Lokalen und kleinen Kunsthandwerkgeschäften entwickelt.

Wir beginnen unseren Spaziergang am Museumsplatz beim Haupteingang des 1 **Museumsquartiers.** Der Komplex ist von allen Seiten betretbar, immer wieder kann man an den Durchgängen angebrachte Pferdekopfskulpturen sehen, die auf den ursprünglichen Nutzen des Gebäudes hinweisen. Nach Ende der Kaiserzeit verlor er seinen Verwendungszweck als Stall- und Wagenburg und wurde fortan als Ausstellungsort von der Wiener Messe genutzt, bis es Ende der Neunzigerjahre unter Berücksichtigung und Erhaltung des historischen Baus zu einem kompletten Umbau kam.

Wir betreten den Haupthof, den größten geschlossenen Platz der Stadt, wo die Bautätigkeit besonders rege war. Links wurde das 2 **Leopold Museum** errichtet, um die Sammlungen mit rund 5300 Objekten des Wiener Augenarztes Rudolf Leopold zur Geltung zu bringen. Es handelt sich in erster Linie um österreichische Kunst von der Biedermeierzeit bis zum Beginn des 20. Jahrhunderts, der

Ehemalige Hofstallungen

beachtliche Bestand an Werken von Egon Schiele ist hier hervorzuheben.

Das mittige Gebäude war ehemals die **Winterreithalle,** die zu Zeiten Kaiser Franz Josephs errichtet wurde, heute beherbergt es zwei Hallen für Veranstaltungen aller Art.

Rechts entstand ein Kubus, das **Museum Moderner Kunst Stiftung Ludwig,** besser bekannt als 3 **MUMOK,** dessen Fassade mit anthrazitgrauen Basaltlava-Steinplatten verkleidet ist. Hier ist Kunst des 20. Jahrhunderts bis zur Gegenwart zu sehen, darunter eine Vielzahl an Hauptwerken des Wiener Aktionismus. Ein bedeutender Teil der Sammlung stammt von der Peter und Irene Ludwig Stiftung, was den Beinamen des Museums erklärt.

Die beiden linken Seitenhöfe sind der Jugend gewidmet: Im Fürstenhof ist die **WienXtra-Kinderinfo** untergebracht, der Klosterhof ist der Standort des **Theaterhauses für junges Publikum.** Wir gehen zurück in den Haupthof, der einst als großer Fahrhof bezeichnet wurde. Links im Quertrakt wurden das **Zoom Kindermuseum** und im Obergeschoss das **Tanzquartier** eingerichtet. Wir begeben uns hinter das Leopold Museum und gelangen zum **Ovaltrakt,** der den rückwärtigen Abschluss des Geländes bildet. Rechter Hand kommen wir an der ehemaligen Sommerreitschule vorbei, an deren Stelle die Kunsthalle errichtet wurde. Über eine links gelegene Rampe gelangt man zum Glacis Beisl, dessen Schanigarten als einer der schönsten Wiens gilt.

Das Glacis war eine die Stadtmauern umgebende bis zu 450 Meter breite Wiesenfläche, die der Verteidigung diente.

Weiter geht es in den **Sattlerhof,** wo sich Kaiserin Elisabeth, die als eine der besten Reiterinnen ihrer Zeit galt, eine oktogonale Reithalle bauen ließ. Hier befindet sich heute die Bibliothek des **Architekturzentrums,** während dessen Veranstaltungssaal im danebenliegenden Staatsratshof untergebracht ist.

11 DER SPITTELBERG

Wir verlassen nun das Museumsquartier und sehen auf der gegenüberliegenden Straßenseite das 1889 von den Architekten Ferdinand Fellner und Hermann Helmer erbaute ④ **Volkstheater.** Es war von vornherein als bürgerliches Pendant zum Burgtheater gedacht, sein Repertoire umfasst österreichische, deutsche und internationale Klassiker.

Wir biegen links in die Burggasse ein und gelangen zu einem eher unscheinbaren Eckhaus, das einen zweiten Blick verdient, denn das einstöckige, 1872 errichtete Gebäude ist das ⑤ **kleinste Haus von Wien.** Wir biegen links in die Breite Gasse ein und betreten den **Spittelberg,** dessen Name sich von Spitalberg ableitet, da das Areal 1525 vom Bürgerspital erworben wurde. Ab 1675 verwaltete Christoph Sigmund Freiherr von Kirchberg die Gründe und verpachtete sie an Zuwanderer aus Ungarn und Kroatien, die dort ihre Bauernhütten errichteten. Die Wiener nannten das ärmliche Viertel „Crobotendörfl". Das kleine Glück war nicht von langer Dauer, denn mit der Türkenbelagerung 1683 wurden die Hütten dem Erdboden gleichgemacht. Später siedelten sich hier insbesondere Kleingewerbetreibende an. Die dichte Verbauung hatte zur Folge, dass der Spittelberg zu einem der ungesündesten Gebiete Wiens gehörte, wo in der Regel

MQ, Innenhof

Spittelberggasse

die unterste soziale Schicht hauste. Es war eine Hochburg der Prostitution, mittellose Musikanten spielten hier auf, und wandernde Schauspieltruppen sorgten für Unterhaltung. Heute ist der Spittelberg ein Stadtteil des 7. Wiener Gemeindebezirks Neubau und hat sich dank seiner großen Anzahl an heute noch bestehenden, zum Großteil revitalisierten Biedermeierhäusern zur Weltkulturerbestätte und einem beliebten Wohnviertel mit dörflichem Charakter gemausert. Eine Vielfalt an urigen Beisln, Studentenlokalen, Bars, Restaurants und Geschäftslokalen runden das Bild ab und beleben das Viertel Tag und Nacht.

Wir gehen die Breite Gasse hinauf und sehen rechts das barocke Bürgerhaus auf Nr. 11 **„Zu den drei großen Kronen“,** dessen Kern aus dem ausgehenden 17. Jahrhundert stammt und eines der wertvollsten Baudenkmäler des Viertels ist. Wir biegen rechts in die Siebensterngasse ein, um gleich wieder rechts die Kirchberggasse hinunterzugehen. Auf der Fassade der Hausnummer 14 ist ein Hauszeichen mit einem Metallrelief zu sehen, das die heilige Maria mit drei Kronen darstellt. Uns dient es als Hinweis, dass wir uns an der Rückseite des barocken Hauses der Breiten Gasse 11 befinden.

11 DER SPITTELBERG

Wir spazieren an einigen Biedermeierhäusern vorbei bis zur Burggasse, biegen links ab und nach ein paar Schritten gleich nochmals links in die Gutenberggasse ein. Der biedermeierliche Fassadendekor des ursprünglich barocken Hauses Nr. 17 **„Zum schwarzen Elephant“** ist einen Blick wert. Bei der Gutenberggasse 13, wo sich heute die Gastwirtschaft 6 **„Witwe Bolte“** befindet, handelt es sich um eine ganz besondere Adresse, die eingeweihten Wienern ein Begriff ist. Kaiser Joseph II. war zweimal verheiratet gewesen, beide Ehefrauen starben jedoch an den Pocken. Da er nicht noch einmal heiraten wollte und doch menschliche Gelüste verspürte, fand er sich regelmäßig in einer der verrufenen Spelunken am Spittelberg ein, wo sich die sogenannten Bierheislmenscha, die Prostituierten, herumtrieben und ins Extra-Zimmer einluden. Er war kein gern gesehener Gast, da er als knausrig galt. Als er eines Tages den geforderten Preis nach Konsumierung nicht bezahlen wollte, wurde er recht unsanft von der Sonnenfels-Waberl, der Wirtin des Etablissements, vor die Tür gesetzt. Noch heute erinnert der Spruch im Gewölbe des Flurs an diese für den Kaiser unrühmliche Begebenheit: „Durch diese Thür in Bogen ist Kaiser Josef II. geflogen Anno 1787“. Der steinerne Löwe an der Ecke des Hauses brachte dem Haus den Namen **„Zum weißen Löwen“** ein.

Gasthaus Witwe Bolte

Wir gehen durch die Spittelbergpassage und gelangen in die Spittelberggasse. Links geht es zum 7 **Theater am Spittelberg,** wo man unter anderem den „Spittelberger Liedern“, die vom schlüpfrigen Treiben im Vergnügungsvier-

Theater am Spittelberg

tel erzählen, lauschen kann. Wir gehen die Gasse wieder hinunter und treffen auf der linken Seite auf das Bürgerhaus mit der Hausnummer 9 **„Zur Kohlkreunze“.** Bei den Renovierungsarbeiten wurde dort eine in Wien einzigartige perspektivisch gemalte Fassadendekoration aus dem 18. Jahrhundert freigelegt, die besonderes Augenmerk verdient. Auch die Fassade des Nachbarhauses mit einer barocken Immaculatafigur in einer Nische im ersten Stock kann sich sehen lassen. Gegenüber können wir das barocke Gebäude **„Zur goldenen Birne“** bewundern, aus einer Fassadennische über dem mittleren Fenster im ersten Obergeschoss blickt eine Statue des heiligen Josef auf uns herab. Wir gehen das charmante Gässchen hinunter bis zur Burggasse. Das Eckgebäude auf der linken Seite war ein altes Bäckerhaus **„Zum schwarzen Mohren“,** auf der Barockfassade ist eine Mohrenfigur zu sehen.

Haus Zur Kohlkreunze

Wir biegen wieder zweimal links ab und gelangen in die Schrankgasse. Das Haus Nr. 14 war das Geburts- und Sterbehaus von Johann Ferdinand von Schrank, dem Begründer des Demokratischen Vereines im Bezirk Neubau. Das Nebenhaus wurde zu Beginn des 20. Jahrhunderts errichtet und weist entsprechende Merkmale des Jugendstils auf. Das letzte Gebäude auf der rechten Seite ist das 8 **Amerlinghaus,** in dem einer der angesehensten österreichischen Maler des 19. Jahrhunderts, Friedrich Ritter von Amerling, geboren wurde. Er war ein gefragter Porträtmaler des Hochadels und Großbürgertums der Biedermeierzeit. Das **Haus „Zu den drei Herzen"** wird seit Ende der Siebzigerjahre als Kultur- und Kommunikationszentrum genutzt, außerdem sind das Bezirksmuseum Neubau und das Amerlingbeisl darin untergebracht. Im stimmungsvollen Innenhof mit den für die Spittelbergbauten typischen Pawlatschen wurde ein einladender Schanigarten eingerichtet.

Haus Zur goldenen Birne

Wir folgen dem Straßenverlauf und gelangen in die Stiftgasse, in die wir links einbiegen. Wir überqueren die Siebensterngasse und sehen auf der linken Seite einen riesenhaften Bau, das 9 **Amtsgebäude Stiftgasse-General Spannocchi.** An dieser Stelle wurde in der zweiten Hälfte des 17. Jahrhunderts ein Sommerheim für Waisenkinder errichtet. Das Geld stiftete der Hofkammerrat Johann Konrad Richthausen Freiherr von Chaos. Nach dem Chaos,schen Stiftungshaus wurde auch die Gasse benannt. Gegen Mitte des 18. Jahrhunderts wurde hier eine Militärschule eingerichtet, heute befinden sich die Landesverteidigungsakademie sowie die Militärbibliothek in dem Gebäude. 1944 wurde im Akademiehof ein **Flakturm** errichtet, der heute noch besteht. Das Amtsge-

Amerlinghaus

bäude verdankt seinen Namen General Emil Spannocchi, der zehn Jahre lang die Stabsakademie leitete. Wir gehen den Weg zurück, am Amerlinghaus vorbei, und gelangen zum danebengelegenen **Haus „Zum Heiligen Vincenz“,** das eine besonders schöne und gut proportionierte Barockfassade aufweist. Im ersten Stock sind zwei Nischen, in denen Statuen von der Madonna mit Kind und dem heiligen Vincenz stehen.

Wir gehen nun die Stiftgasse hinunter, die im 16. Jahrhundert den nicht gerade vertrauenerweckenden Namen „Mordgassel“ trug, und biegen links in die Burggasse ein, bis wir auf der rechten Seite zum 10 **Sankt-Ulrichs-Platz** gelangen. Vor der Kirche steht eine Dreifaltigkeitssäule, die nach der Pestepidemie 1713 errichtet wurde. Die barocke **Pfarrkirche St. Ulrich** ist namensgebend für die Vorstadtgemeinde, die heute zum 7. Wiener Gemeindebezirk gehört. Bereits zu Beginn des 13. Jahrhunderts entstand an dieser Stelle eine Kapelle, die dem heiligen Ulrich geweiht war. Während der 2. Türkenbelagerung 1683 dienten die Kirche den Türken als Munitionslager und der Turm zur Beobachtung der Stadt.

Der autofreie Platz rund um die Kirche ist von einigen Barockhäusern gesäumt, die den Großbrand von 1835 überstanden haben. Im Haus Nr. 2 **„Zu den zwölf Himmelszeichen"** war im 19. Jahrhundert eine Pfarrschule untergebracht.

Im Haus Nr. 4 sind im Kern noch Mauerreste aus dem 13. Jahrhundert erhalten, es ist somit das älteste Gebäude von St. Ulrich. Die Renaissancearkaden stammen aus dem 16. Jahrhundert, die Barockisierung des Gebäudes erfolgte Ende des 17. Jahrhunderts. Hier reiht sich ein Lokal an das andere, die gemütlichen Schanigärten laden zum Verweilen ein. Wir gehen die Burggasse hinunter, um wieder zum Ausgangspunkt zu gelangen.

Sankt-Ulrichs-Platz

12

START/ZIEL: Tor 2, Simmeringer Hauptstraße 234, 1110 Wien
LÄNGE: ca. 2,5 Kilometer
DAUER: ca. 2,5 bis 3 Stunden
ÖPNV: Haltestelle Zentralfriedhof Tor 2, Tor 3
PARKEN: Parkplatz Tor 2, Simmeringer Hauptstraße 234, 1110 Wien (Achtung: Nur im vorderen Teil des Parkplatzes ist ein Kurzparkschein erforderlich, weiter hinten ist das Parken kostenlos.)

UNTERWEGS ENTDECKT

1. Tor 2
2. Aufbahrungshallen
3. Alte Arkaden
4. Gruppe 32 A
5. Gruppe 32 C
6. Gruppe 33 G
7. Bundespräsidentengruft
8. Friedhofskirche
9. Arkaden und Kolumbarien
10. Waldfriedhof, Gruppe 41 B
11. Gruppe 40
12. Babyfriedhof, Gruppe 35 B
13. Park der Ruhe und der Kraft, Gruppe 23

ESSEN + TRINKEN

Gegenüber von Tor 1 befindet sich einer unserer Glücksorte:
Concordia Schlössl, Simmeringer Hauptstraße 283, 1110 Wien, Tel. +43 1/7 69 88 88, concordia-schloessl.at

DER WIENER ZENTRALFRIEDHOF

„Der Tod, das muss ein Wiener sein"

Mit seinem Lied „Es lebe der Zentralfriedhof" anlässlich des 100-jährigen Bestehens der Begräbnisstätte vermittelte der Austro-Pop-Sänger Wolfgang Ambros sehr treffend das besondere Verhältnis der Wiener zum Tod. Auf dem zweitgrößten Friedhof Europas mit einer Ausdehnung von 2,5 Millionen Quadratmetern und etwa 330.000 Grabstellen wurden im Laufe der vergangenen 150 Jahre rund drei Millionen Menschen aller Konfessionen zur Ruhe gebettet, daher auch der Name Zentralfriedhof. Aufgrund der rasant anwachsenden Bevölkerung in der zweiten Hälfte des 19. Jahrhunderts entschied die Wiener Stadtregierung, einen neuen Friedhof anzulegen. Um die Örtlichkeit für die Wiener attraktiver zu gestalten, beschloss man, Ehrengräber für prominente Persönlichkeiten zu schaffen. Mittlerweile gibt es über 1000 Ehrengräber, von denen wir während unseres Spaziergangs einige besuchen werden.

Unser Rundgang startet bei ❶ **Tor 2,** dem Haupteingang. Zur Eröffnung des Friedhofs am 1. November 1874 strömten zahlreiche Wiener herbei, obgleich die mit der Ausführung der Verwaltungsgebäude, der Aufbahrungshallen und der Kirche beauftragten Architekten, Karl Jonas Mylius und Alfred Friedrich Bluntschli, nur einen minimalen Teil ihrer Aufgabe umgesetzt hatten. Die zur Verfügung gestellten Geldmittel waren zu einem Großteil versickert.

Erst 1905 war wieder genügend Geld angespart worden, um Max Hegele mit der Ausführung der bis heute bestehenden, im Jugendstil ausgeführten Gebäude zu beauftragen. Darunter auch die beiden ❷ **Aufbahrungshallen,** wobei die Halle 1 heute noch als Leichenhalle dient. Die Halle 2 war ursprünglich für Personen gedacht, die an infektiösen Krankheiten verstorben waren. Heute ist dort das **Bestattungsmuseum** untergebracht, wo man unter anderem den Sparsarg, der zu Zeiten Kaiser Josephs II. im Einsatz war, bewundern kann. Um nicht den halben Wienerwald für die Herstellung von Särgen abholzen zu müssen, wurden wie-

Aufbahrungshalle

derverwendbare Särge eingesetzt. Ein weiteres skurriles Ausstellungsstück ist der Rettungswecker, der im Totengräberhaus montiert war. Dieser Wecker war mittels eines gespannten Seils mit der Hand des Toten in der Aufbahrungshalle verbunden und sollte die Bestattung von Scheintoten vermeiden.

Wir gehen ein Stück weiter zu den 3 **Alten Arkaden** im Ziegelrohbau, die von Mylius und Bluntschli 1880/81 im Neorenaissancestil ausgeführt wurden. Insgesamt beherbergen sie 36 Grüfte, im linken Arkadenbau befindet sich direkt an der Ecke eine Gruft, die an einen Bergwerkseingang erinnert. Es handelt sich um das Grab von **August Zang,** dem Gründer der „Neuen Freien Presse". Zang hatte bereits 1848, nach Ausrufung der Pressefreiheit, die heute noch existierende Zeitung ins Leben gerufen. Als er sich aus dem Zeitungsgeschäft zurückzog, erwarb er mehrere Bergwerke.

Weiter geht es den Hauptweg entlang zur 4 **Gruppe 32 A,** hier biegen wir links ab. Auf der linken Seite erhebt sich ein recht ungewöhnliches Grab mit einer stehenden und einer liegenden Skulptur. Es handelt sich um die letzte Ruhestätte des Bildhauers **Alfred Hrdlicka** und seiner Frau Barbara. Als bekanntestes Werk des Künstlers gilt das Denkmal gegen Krieg und Faschismus auf dem Albertinaplatz. Die nackte weibliche Figur stellt Hrdlickas Frau dar, die von einem knochigen Gebilde gehalten wird. Hrdlicka erklärte damals, dass seine Frau ihn jetzt mit dem Tod betrüge. Die Stadt Wien hatte ihm noch zu Lebzeiten ein Ehrengrab in Aussicht gestellt, welches er allerdings mit der Begründung ablehnte, sich sein Begräbnis selbst finanzieren zu können.

Gegenüber ruht **August van der Nüll,** einer der unglücklichen Staatsopernarchitekten, der sich nach heftiger Kritik an seiner Arbeit das Leben nahm. Links daneben ist

12 DER WIENER ZENTRALFRIEDHOF

Alte Arkaden

das Grab von **Johann Nestroy,** einem Universalgenie, der als Schauspieler und Autor von systemkritischen Theaterstücken unvergesslich in die Geschichte der österreichischen Literatur eingegangen ist. Er hatte große Angst, lebendig begraben zu werden, und verfügte, um auf Nummer sicher zu gehen, nach seinem Ableben einen Herzstich zu erhalten.

Um zu den Musikergräbern zu gelangen, gehen wir ein Stück weiter und biegen rechts und gleich wieder links ein, wo sich in der Mitte das Mozartgrab erhebt. **Wolfgang Amadeus Mozart** wurde am Friedhof St. Marx begraben, wo seine Gebeine bis heute in einem Schachtgrab ruhen. Damals fanden Beerdigungen erst nach Einbruch der Dunkelheit ohne Beisein der Angehörigen statt. Die Liegestätten der Verstorbenen wurden nicht gekennzeichnet, sodass man heute nicht genau sagen kann, wo Mozart begraben wurde. Links dahinter liegt **Ludwig van Beethoven**, der ebenso wie sein zur rechten Seite ruhender Nachbar **Franz**

Schubert vom Währinger Friedhof nach dessen Auflassung hierher umgebettet wurde. Die beiden waren auch damals schon Friedhofsnachbarn. Beethoven war bereits im Alter von 17 Jahren nach Wien gekommen, um den berühmten Mozart kennenzulernen, es kam allerdings nie zu einer Begegnung. Seine fortschreitenden Gehörprobleme führten letztendlich zur vollkommenen Taubheit. Er spielte auch nachts Klavier und setzte ein Hörrohr darauf, um vielleicht doch etwas von seinen Kompositionen wahrnehmen zu können. Die Nachbarn waren über diesen nächtlichen Musikgenuss wenig erfreut, und so kam es, dass Beethoven allein in Wien über 80-mal seinen Wohnsitz wechseln musste. Franz Schubert war aufgrund seiner engelhaften Stimme und seines absoluten Gehörs bei den Wiener Sängerknaben aufgenommen worden. Als er in den Stimmbruch kam, musste er die Sängerknabenschule verlassen. Sein Vater war Lehrer und hätte seinen Sohn gerne als Nachfolger gesehen, doch Franz Schubert verbrachte seine Zeit lieber komponierend, was zu endlosen Streitereien führte. Schubert brachte es in seinem Leben nie zu Reichtum, er konnte sich nicht einmal eine eigene Wohnung leisten. Bald hieß es in Wien: „Wenn der Schubert zum Abendessen kommt, bleibt er gleich ein halbes Jahr.“ Er verstarb im Alter von nur 32 Jahren an Syphilis.

Unmittelbar nach Schuberts Ruhestätte gelangen wir zum Grab von **Johann Strauss Sohn.** Die Familie Strauss war zu Lebzeiten zerstritten, und daran

Zang

Hrdlicka

Beethoven

Schubert

konnte auch der Tod nichts ändern, denn fünf Mitglieder der Familie sind auf insgesamt vier Gräber verteilt. Johann Strauss Sohn hatte drei Ehefrauen. Die erste, Jette, war sieben Jahre älter als er, hatte bereits sieben Kinder, die sie den jeweiligen Vätern überließ, um sich ihrer großen Liebe ganz widmen zu können. Unter anderem nahm sie dem Musikgenie die gesamte administrative Arbeit ab. Nach ihrem Dahinscheiden ehelichte Strauss Lili, von der er sich alsbald wieder scheiden ließ. Schließlich fand er in Adele wieder eine geeignete Partnerin, sie ruht hier an seiner Seite. Er war der erfolgreichste der drei Strauss-Brüder, und jedes Jahr zu Silvester werden wir mit seinem bekanntesten Walzer „An der schönen blauen Donau" an ihn erinnert. Wir wenden uns nach links und erblicken auf der linken Seite des nächsten Weges das Grab seines Bruders **Eduard Strauss.** Eduard war der am wenigsten begabte der drei Brüder. Während eines Streites mit Johann soll er aus Wut einen ganzen Stapel von Johanns Kompositionen ins Feuer geworfen haben. Wir biegen rechts in den Weg ein, wo sich auf der linken Seite das Grab des mittleren Bruders **Josef** und der Mutter **Anna Strauss,** geborene Streim, befindet. Josef war in mehrerer Hinsicht äußerst begabt und erzielte sowohl als Komponist als auch als Ingenieur große Erfolge, so hatte er zum Beispiel zwei Straßenkehrmaschinen entwickelt. Er war aber auch kränklich und starb im Alter von 42 Jahren, nur wenige Monate nach dem Tod seiner geliebten Mutter. Die beiden waren ursprünglich am St. Marxer Friedhof begraben worden, wurden aber exhumiert und mitsamt dem Grabstein auf den Zentralfriedhof überführt. Gegenüber ist schlussendlich das vierte Strauss-Grab. Ein pyramidal geformter Grabstein ziert die letzte Ruhestätte von **Johann Strauss Vater,** dem Komponisten des Radetzkymarsches. Er hatte mit seiner Frau Anna insgesamt sieben Kinder, ging dann ein Verhältnis mit Emilie Trampusch ein, die ihm ebenfalls sieben Kinder schenkte. Von diesen Kindern war allerdings kein einziges mit einem musikalischen Talent gesegnet. Neben ihm befindet sich das Grab von **Joseph Lanner,** einem seiner Wegbegleiter, der ganz wesentlich dazu beigetragen hatte, den Walzer salonfähig zu machen. Allerdings kam es nach einigen Jahren zum Streit, der nie wieder behoben werden sollte. Trotzdem ruhen sie heute friedlich nebeneinander.

In Österreich ist mit Sessel ein Stuhl gemeint.

Wir gehen weiter und gelangen wieder auf den Hauptweg. Auf der gegenüberliegenden Seite steht ein monumentales Grabmal, auf dem der Name der Familie Thonet prangt. Dort liegt auch **Michael Thonet,** der Erfinder der Bugholzmöbel, begraben. Er entwarf zahlreiche Sessel, die er, um sie voneinander unterscheiden zu können, nummerierte. Vom Thonetsessel Nr. 14 wurden Millionen Exemplare produziert. 1930 waren bereits 50 Millionen Stück hergestellt worden, und in den traditionellen Kaffeehäusern nimmt man auch heute noch auf Thonetsesseln Platz.

Wir biegen in die ⑤ **Gruppe 32 C** links ein, im ersten Grab liegt **Robert Stolz** begraben, der vor allem als Operettenkomponist Weltruhm erlangte. Wir gehen weiter bis zum Grab des Schriftstellers **Franz Karl Ginzkey,** der das Kinderbuch „Hatschi Bratschis Luftballon“ verfasst hat. Nur zwei Gräber weiter ruht **Hans Moser,** der mit bürgerlichem Namen Jean Juliet hieß. Der Schauspieler, der in 124 Filmrollen mit seiner nuschelnden Stimme die Herzen berührt hat, bleibt unvergessen. Wir biegen in den nächs-

Deix

ten Weg links und dann gleich wieder rechts ein und gelangen zur 6 **Gruppe 33 G.** Gegen Ende des Weges thront auf der rechten Seite ein riesiger Kater, der eine Krone trägt und eine Zigarette im Mundwinkel hat. Es handelt sich um den Grabstein des Karikaturisten und Cartoonisten **Manfred Deix,** der ein großer Katzenfreund war und bis zu 80 Stubentiger beherbergte. Er hatte ein außergewöhnliches Talent, war politisch engagiert und überschritt mit seinen gesellschaftskritischen Beiträgen des Öfteren die Tabugrenzen. Nun gehen wir weiter, biegen zweimal rechts ein und gelangen linker Hand zum Grab von Joe Zawinul, einem der bedeutendsten Jazz-Musiker des vergangenen Jahrhunderts. Bereits im Alter von sechs Jahren wurde er von einem Musiklehrer unterrichtet, der nach nicht einmal einem Jahr seiner Mutter erklärte, er könne dem Buben nichts mehr beibringen – dieser sei so hochbegabt, dass er ins Konservatorium gehöre. Mit zwölf kam er erstmals mit Jazzmusik in Berührung: „Des war guad. Und i hob mir denkt, wow, des is was, des g'fallt mir." Ein Stückchen zurück an der Ecke befindet sich das Grab des Schauspielers **Fritz Muliar,** dem die Filmrolle des „braven Soldaten Schwejk" geradezu auf den Leib geschrieben war. Die Mütze, die er in dieser Rolle trug, wurde ihm auf seinen letzten Weg mitgegeben.

Nicht zu übersehen ist das Klavier aus Laaser Marmor, das von Manfred Bockelmann für seinen verstorbenen Bruder **Udo Jürgens** entworfen wurde. Des berühmten Sängers Wunsch, „über der Erde" begraben zu werden, wurde hier Rechnung getragen. Seine Aschenurne wurde an der Oberseite des Klaviers eingelassen und mit einem Marmordeckel verschlossen. Eine nette, kaum bekannte Anekdote aus dem Leben Udo Jürgens' geht auf eine außergewöhnliche PR-Aktion im Jahre 1983 zurück, als Jürgens mitsamt seinem gläsernen Konzertflügel auf den Jungfrau-Gletscher geflogen wurde, um dort im sommerlich weißen Anzug ein Video aufzunehmen. Darunter trug er einen Neoprenanzug. In einem Interview erzählte er, dass ein Grüppchen Japaner, das ausgerechnet an diesem Tag eine

12 DER WIENER ZENTRALFRIEDHOF

Lamarr

Kletterpartie auf den Gipfel des Jungfrau-Gletschers unternommen hatte, während seines eisigen Auftritts plötzlich am Gletscherrand auftauchte. Deren Gesichtsausdruck war wohl ebenso filmreif wie das ungewöhnliche Konzert selbst.

Daneben befindet sich das Grabmal einer der schönsten Schauspielerinnen der Filmgeschichte, **Hedy Lamarr.** Im Alter von nur 19 Jahren sorgte sie für einen handfesten Skandal in dem Film „Ekstase", der 1933 in die Kinos kam. Die zehnminütige Nacktszene führte dazu, dass der Film in Deutschland verboten wurde. Hedwig Kiesler, wie sie mit bürgerlichem Namen hieß, war insgesamt sechsmal verheiratet und hatte zahlreiche Techtelmechtel, sogar mit Frauen. Allerdings war sie nicht nur schön, sondern auch außergewöhnlich intelligent. Sie erfand das Frequenzsprungverfahren, das heute in der kabellosen Kommunikationstechnik angewandt wird. Ihrem letzten Willen gemäß wurde ein Teil ihrer Asche im Wienerwald „Am Himmel" verstreut, der andere Teil wurde hier bestattet.

Auf derselben Seite, am Ende des Weges, steht der bescheidene Grabstein der ersten Frau, die an der Wiener Universität Architektur studierte. **Margarete Schütte-Lihotzky** beschrieb in einem Interview die erstaunten Gesichter ihrer männlichen Kommilitonen und des Professors, als sie eine Frau im Hörsaal erblickten. Sie gab auch zu, dass nicht einmal sie selbst daran glaubte, jemals ein Haus bauen zu dürfen. Ihr sicherlich bekanntestes Projekt war der Entwurf der „Frankfurter Küche", von der sich ein Nachbau im MAK, dem Museum für angewandte Kunst, befindet. Die Frankfurter Küche gilt als der Urtyp der Einbauküche, die eine Optimierung der Arbeitsabläufe begünstigte. Die ursprüngliche Farbe war Petrolblau, da man in einem Experiment festgestellt hatte, dass sich Fliegen auf dieser Farbe nur ungern aufhalten. Schütte-Lihotzky bedauerte am meisten, nie einen Auftrag für ein hochherrschaftliches Haus erhalten zu haben. Zu ihrem 100. Geburtstag tanzte sie mit dem Wiener Bürgermeister Michael Häupl einen Walzer. Die kleinen Steinchen auf ihrem Grabmal deuten darauf hin, dass sie jüdischer Herkunft war.

Ihr gegenüber ruht der „Opernführer der Nation“, **Marcel Prawy.** Er war nicht nur Opernkenner und -kritiker, sondern hat auch das Musical in deutscher Sprache hoffähig gemacht. 1956 wurde „Kiss me, Kate“ als erstes Musical in Europa an der Wiener Volksoper aufgeführt. Legendär ist seine „Plastiksackerlsammlung“ – in den meist gelben Einkaufsbeuteln verschiedener Supermarktketten bewahrte er seine Musikdokumente und Notenoriginale auf. Die letzten zehn Lebensjahre mietete er sich mitsamt seiner wertvollen Sammlung im Hotel Sacher ein.

Prawy

Nun biegen wir links in den Weg ein, die linke Seite gehört noch zur Gruppe 33 G, die rechte bereits zur Gruppe 32 C. Rechter Hand begegnen wir **Fritz Wotruba,** der jüdischer Herkunft war und mit seiner Frau Marian die Kriegsjahre in der Schweiz verbrachte. Der Bildhauer ist insbesondere durch die Erschaffung der sogenannten Wotrubakirche bekannt. Zwei Gräber weiter liegt **Karl Farkas,** Schauspieler und Kabarettist. Auch er war jüdischer Abstammung und musste während der dunklen NS-Zeit nach New York fliehen. Seine Frau, die Schauspielerin Anny Han, musste er zurücklassen, da der gemeinsame schwer behinderte Sohn Robert keine Einreisegenehmigung erhielt. Farkas ließ sich von seiner Frau scheiden, um sie zu schützen. Als er 1946 nach Wien zurückkehrte, heiratete er sie erneut.

Udo Jürgens

Schräg gegenüber ist das Grab des aufmüpfigen Kabarettisten **Helmut Qualtinger.** Er war auch als Schauspieler tätig, insbesondere ging sein Einpersonenstück „Der Herr Karl" in die Filmgeschichte ein. In der Person des Herrn Karl, der aus seinem Leben erzählt, erkennt man einen gefährlichen Mitläufer und Wendehals, wie er in der Geschichte der Menschheit so oft vorkommt. Während der Dreharbeiten des Films „Der Name der Rose" erkrankte Qualtinger schwer und verstarb kurz darauf.

1938 fand der Anschluss Österreichs an das Deutsche Reich statt.

Gegenüber liegt der österreichische, jüdischstämmige Schriftsteller **Franz Werfel,** der in den Zwanziger- und Dreißigerjahren zahlreiche Bestseller verfasste. Er lernte Alma Mahler kennen, als diese noch mit Walter Gropius verheiratet war, und ehelichte sie 1929. Mit ihr zusammen verbrachte er den Winter vor dem „Anschluss" in Südfrankreich, kehrte dann nicht mehr nach Wien zurück und emigrierte schließlich in die USA, wo er 1945 verstarb. In den Siebzigerjahren erinnerte man sich an den großen Literaten, seine sterblichen Überreste wurden 1975 nach Wien und letztendlich auf den Zentralfriedhof überführt, wo er ein Ehrengrab erhielt.

Wiederum auf der linken Seite des Weges liegt **Fred Adlmüller,** der bekannte Modeschöpfer, der aus Bayern stammte und eigentlich in die gastronomischen Fußstapfen seines Vaters treten sollte. Als er nach Wien zur Weiterbildung kam, entschied er sich allerdings für die Modebranche und war mit seiner Haute Couture in der Wiener Damenwelt sehr erfolgreich. Die einzigen Herren, die von ihm eingekleidet wurden, waren die Bundespräsidenten der Republik, die ihre Staatsfräcke von ihm bezogen. Am Ende des Weges fand **Elfriede Ott** ihre letzte Ruhestätte neben ihrem Mann, dem Schriftsteller Hans Weigel. Die stets gut gelaunte Schauspielerin hat uns 2019 für immer verlassen.

Wir biegen zweimal rechts ein und betreten einen kleinen Weg der Gruppe 32 C, wo wir einigen bekannten Schauspielern begegnen. Zunächst entdecken wir die letzte Ruhestätte von **Theo Lingen,** der in seinen 200 Filmen meist als komische Figur verewigt wurde. Wir folgen der Rundung des Weges und gelangen zum Grab von **Wolf Albach-Retty,** dem Vater von Romy Schneider. Zwei Gräber weiter liegt **Paul Hörbiger,** Onkel der bekannten Schauspielerin Christiane Hörbiger. Am Ende des Weges begegnen wir noch einem gebürtigen Hamburger, der Wien zu seiner Wahlheimatstadt machte, **Curd Jürgens.**

Schütte-Lihotzky

Friedhofskirche „Zum Heiligen Karl Borromäus“

Nun biegen wir wieder rechts ein und gehen in Richtung Hauptweg, wo sich direkt an der Ecke zwei Gräber befinden. Eines ist sowohl mit Blumen als auch mit kleinen Steinen versehen. Hier ruht der legendäre Bundeskanzler und Sozialdemokrat **Bruno Kreisky,** der 13 Jahre lang die Geschicke des Landes geleitet hat. Er war jüdischer Abstammung, daher auch die Steine, die von den Juden traditionell auf die Gräber ihrer Verstorbenen gelegt werden.

Links daneben steht ein Grabstein in Form eines Kubus, der von Fritz Wotruba gestaltet wurde. Hier ruht der Erfinder der Zwölftonmusik, **Arnold Schönberg**. Schönberg war äußerst abergläubisch, insbesondere nachdem er in jungen Jahren von einer Wahrsagerin vor der Zahl 13 gewarnt worden war. Er vermied es ein Leben lang, an einem Dreizehnten etwas zu unternehmen, nahm keine Aufträge an und blieb zu Hause. Am 13. Juli 1951 saß er mit seiner Frau im Wohnzimmer, bis die Uhr endlich Mitternacht schlug. Er begab sich ins Schlafzimmer, und als seine Frau ihm kurz darauf folgte, fand sie ihn dort leblos vor. Der Wecker im Schlafzimmer zeigte wenige Minuten vor Mitternacht an. Offensichtlich hatte ihn vor lauter Schreck der Schlag getroffen.

Die 1951 angelegte 7 **Bundespräsidentengruft** befindet sich unmittelbar vor der Friedhofskirche. Hier wurden die Bundespräsidenten der Zweiten Republik bestattet. Nun begeben wir uns in die 8 **Friedhofskirche,** ein Jugendstiljuwel, das von Max Hegele innerhalb von nur drei Jahren fertiggestellt wurde. Die Kirche wurde 1911 dem heiligen Karl Borromäus geweiht.

Die 58,5 Meter hohe Kuppel mit ihrem goldenen Strahlenkranz und 999 Sternen aus Goldglas auf dunkelblauem Untergrund wirkt wie ein Himmelszelt. Insgesamt wurden in der Kuppel mehr als 2 Kilogramm Gold verarbeitet. Die Kuppel wurde während des Zweiten Weltkrieges schwer beschädigt, aber die Beleuchtungskörper aus Messing mit gezogenen Glasstäben kamen wie durch ein Wunder ungeschoren davon und sind im Original erhalten. Rechts hinten in der Kirche gelangen wir zu einem Aufzug, der uns in die Unterkirche führt. Sie dient als Begräbnisstätte, das prominenteste Grab ist jenes des Bürgermeisters **Dr. Karl Lueger,** der den Grundstein zu dieser Kirche gelegt hatte. Da er ihre Fertigstellung nicht mehr erlebte, wird sie auch „Dr.-Karl-Lueger-Gedächtniskirche“ genannt.

Kolumbarien

Falco

Zu beiden Seiten der Kirche erstrecken sich die 9 **Arkaden und die Kolumbarien,** die bereits einige Jahre vor Errichtung des Gotteshauses erbaut worden waren. Im alten Rom hatten die Kolumbarien viele kleine Nischen, in denen die Ascheurnen untergebracht waren. Hier jedoch befinden sich Särge in den Nischen, die mit einer Betonplatte verschlossen sind. Eine Marmortafel mit der Grabinschrift wurde darauf angebracht.

Wir gehen nun den Hauptweg, der quer zur Kirche verläuft, nach links, bis wir zu einem Rondeau gelangen. Hier biegen wir schräg rechts ein und kommen zur 10 **Gruppe 41 B,** wo sich einer der beiden Waldfriedhöfe 10 befindet. Zwischen zwei ausrangierten Grabsteinen ist eine Mauer aus schwarzen Marmorziegeln entstanden. Auf den Ziegeln stehen die Namen und Lebensdaten der Menschen, die rund um die gekennzeichneten Bäume in einer biologisch abbaubaren Urne bestattet wurden. Wir durchqueren den Waldfriedhof und stoßen direkt auf die 11 **Gruppe 40.** Schon von Weitem erkennt man den 2,70 Meter hohen Obelisken des Grabes von Hans Hölzel, besser bekannt als **Falco.** Er war der einzige Überlebende von Drillingen, und so ist es nicht verwunderlich, dass er der Augenstern seiner Mutter war. Er hatte das absolute Gehör und bekam bereits im Alter von vier Jahren ein Klavier geschenkt. Mit seinem Hit „Der Kommissar" wurde er weit über die Grenzen Österreichs bekannt, sein größter Hit „Rock me Amadeus" brachte ihm Weltruhm. Falco bezweifelte, diesen Erfolg noch übertreffen zu können. Der Rummel um ihn wurde ihm zu viel, und er zog sich in die Dominikanische Republik zurück, wo er bei einem Autounfall im Alter von 41 Jahren verstarb. Seine Mutter überlebte ihn um 16 Jahre und ließ sich neben ihrem geliebten Sohn bestatten.

Nun gehen wir nach links, zurück zum Hauptquerweg und sehen linker Hand die **Gruppe 35 B.** Hier befindet sich der ⑫ **Babyfriedhof,** die Gräber sind mit bunten Windrädern und Spielzeug geschmückt. Der Weg, der Richtung Tor 3 führt, bringt uns zur **Gruppe 23,** zum ⑬ **Park für Ruhe und Kraft,** wo man im Kontakt mit der Natur, den Steinen und Pflanzen Kraft tanken und meditieren kann. Fünf verschiedene Landschaftsbereiche sind auf die Kräfte der Erde und des Kosmos abgestimmt. Mit ein bisschen Glück bekommt man Gesellschaft, denn auf dem riesigen Terrain dieses Friedhofs ist es keine Seltenheit, frei lebenden Tieren zu begegnen. Neben Eichhörnchen, Igeln, Hasen und Fasanen tritt da und dort ein Reh aus dem Dickicht, oder es erscheint einer der Feldhamster auf der Erdoberfläche. Beim **Tor 3** angekommen, gehen wir links die Friedhofsmauer entlang zurück bis zum Tor 2.

Babyfriedhof

Danksagung

Wir bedanken uns sehr herzlich bei Othmar für die guten Tipps und die Unterstützung, bei Susanne Leputsch für die Bereitstellung wertvoller Informationen und nicht zuletzt bei unserer Lektorin Antje Kluth für die freundliche und konstruktive Zusammenarbeit.

Bibliografische Information der Deutschen Nationalbibliothek
Die Deutsche Nationalbibliothek verzeichnet diese Publikation in der Deutschen Nationalbibliografie; detaillierte bibliografische Daten sind im Internet über dnb.d-nb.de abrufbar.

4., aktualisierte Auflage 2025

Konzeption/Gestaltung/Satz: Droste Verlag, Düsseldorf
Einbandgestaltung und Illustrationen: Britta Thiele, Marbach am Neckar
Fotos: Jennifer Faulkner, außer: S. 4: stock.adobe.com (Ingo Bartussek); S. 23: Ethan Prater; S. 24: Sandor Somkuti; S. 33: MCAD Library; S. 47: stock.adobe.com (Waldteufel); S. 63, 123: Fred Romero (corno.fulgur75); S. 67 unten: Andreas Paefcke; S. 71: Tom Reading; S. 76: Bwag, CC BY-SA 4.0 (commons.wikimedia.org/w/index.php?curid=69436400); S. 86: Anton-kurt, Public Domain (commons.wikimedia.org/w/index.php?curid=3356565); S. 88/89: Anton-kurt, Public Domain (commons.wikimedia.org/w/index.php?curid=3356465); S. 102: Michael Anranter; S. 104 o., 105: Josef Laimer; S. 106, 108: wohnblogAT; S. 109 o. re. u. u.: Susanne Leputsch; S. 112 u.: Haseundbär, CC BY-SA 3.0 (commons.wikimedia.org/w/index.php?curid=25819861); S. 116: Maclemo, CC BY-SA 3.0 (commons.wikimedia.org/w/index.php?curid=16643488); S. 120: Duke of W4, CC BY-SA 3.0 at (commons.wikimedia.org/w/index.php?curid=25860359); S. 124 o.: Dr Murali Mohan Gurram, CC BY-SA 3.0 at (commons.wikimedia.org/w/index.php?curid=28645354); S. 124 u.: Hiroki Ogawa, CC BY 3.0 (commons.wikimedia.org/w/index.php?curid=59922892)
Karten: Solibieda/cartomedia, Karlsruhe
Druck und Bindung: LUC GmbH, Greven

FSC www.fsc.org
MIX
Papier | Fördert gute Waldnutzung
FSC® C011279

ISBN 978-3-7700-2475-9
droste-verlag.de